I0039656

ÉTAT-MAJOR
DU GOUVERNEMENT DE PARIS.

ORDRE du 1.er Vendémiaire an 14.

SERVICE DE L'ÉTAT-MAJOR DU GOUVERNEMENT DE PARIS.

Du 1.er au 2 Vendémiaire.

Adjudant de Place de service à l'État-major.......................... VIART.
Adjudant de Place de ronde de nuit................................ VILLERS.

Visite aux Casernes, Prisons, Hôpital, et distribution de fourrages.

Rive droite de la Seine : le Capitaine-Adjudant de Place.............. VILLERS.
Rive gauche : le Lieutenant-Adjudant de Place...................... SANSON.

Du 2 au 3 Vendémiaire an 14.

Adjudant de Place de service à l'État-major. .... COTEAU.
Adjudant de Place de ronde de nuit................................ SANSON.

Visite aux Casernes, Prisons, Hôpital, et distribution de fourrages.

Rive droite de la Seine : le Lieutenant-Adjudant de Place.............. SANSON.
Rive gauche : le Capitaine-Adjudant de Place...................... VIART.

ORDRE GÉNÉRAL.

Conformément aux ordres de S. A. S. Monseigneur le prince *Louis*, Grand-Conétable de l'Empire, Commandant de la 1.re Division militaire et du gouvernement de Paris, il est ordonné aux Chefs des corps de la garnison de faire exactement délivrer aux déserteurs condamnés, contradictoirement à la peine des travaux publics ou à celle du boulet, et dans les 24 heures qui suivront leur jugement, les effets dont ils doivent être revêtus lors de leur dégradation, afin que ces jugemens n'éprouvent aucun retard dans leur exécution.

Les Chefs des corps de la garnison sont prévenus que les permissions ou congés limités qu'ils accorderont, à l'avenir, aux soldats de leurs régimens, devront être revêtus de la signature de M. le Général de division *Broussier*, commandant les troupes de la garnison, avant d'être présentés à l'État-major.

Le Général de Brigade Chef de l'État-major général du Gouvernement de Paris et de la première Division militaire,

CÉSAR BERTHIER.

Pour copie conforme :

L'Adjudant-commandant, Sous-chef de l'État-major général du Gouvernement de Paris,

DOUCET.

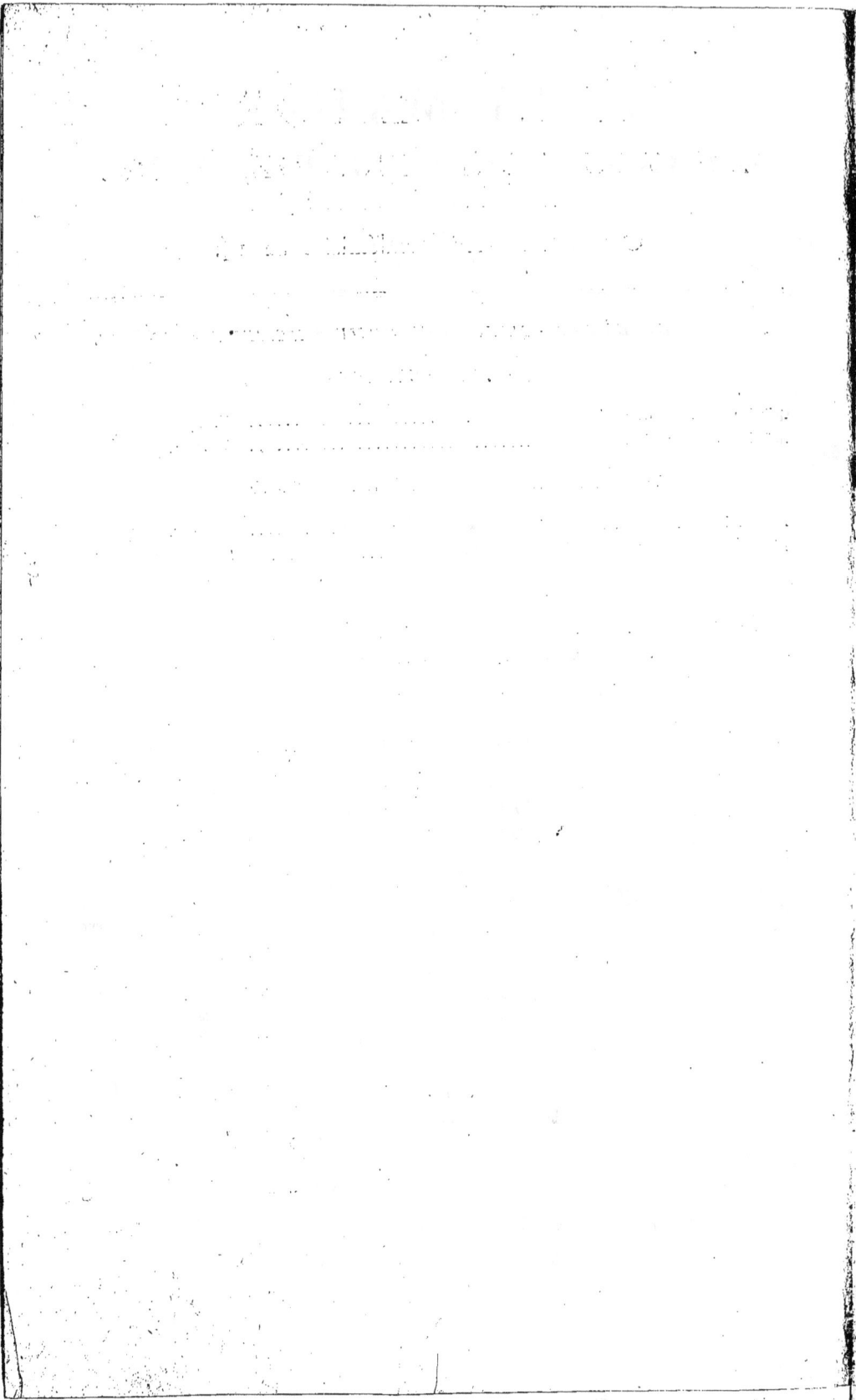

ÉTAT-MAJOR
DU GOUVERNEMENT DE PARIS.

ORDRE du 2 Vendémiaire an 14.

SERVICE DE L'ÉTAT-MAJOR DU GOUVERNEMENT DE PARIS.

Du 2 au 3 Vendémiaire.

Adjudant de Place de service à l'État-major........................ COTEAU.
Adjudant de Place de ronde de nuit............................... SANSON.

Visite aux Casernes, Prisons, Hôpital, et distribution de fourrages.

Rive droite de la Seine : le Lieutenant-Adjudant de Place............. SANSON.
Rive gauche : le Capitaine-Adjudant de Place....................... VIART.

Du 3 au 4 Vendémiaire.

Adjudant de Place de service à l'État-major........................ CORDIEZ.
Adjudant de Place de ronde de nuit............................... VIART.

Visite aux Casernes, Prisons, Hôpital, et distribution de fourrages.

Rive droite de la Seine : le Capitaine-Adjudant de Place............. VIART.
Rive gauche : le Capitaine-Adjudant de Place....................... COTEAU.

CORVÉES.

Le 12.ᵉ régiment d'infanterie légère fournira, jusqu'à nouvel ordre, tous les hommes de corvée nécessaires aux travaux du Dépôt central de l'artillerie, sur la réquisition particulière du Général *Saint-Laurent*, Directeur dudit Dépôt.

Adjudans d'arrondissemens.

En conséquence des ordres de Son Altesse impériale Monseigneur le Prince *Louis*, Grand-Connétable, deux Adjudans d'arrondissemens de Paris seront mis à la disposition de Monsieur le Général de Division commandant les troupes de la garnison de cette ville.

Les Adjudans d'arrondissemens adresseront directement à l'État-major général les rapports que les incendies, tumulte, tapage, évènemens ou toute autre circonstance pouvant troubler l'ordre public, les mettraient dans le cas de faire ; ils seront responsables du retard qu'ils apporteraient à l'envoi desdits rapports.

Le Chef de l'État-major général leur rappelle le zèle qu'ils ont toujours mis à s'acquitter de leurs devoirs et à se rendre utiles ; c'est avec plaisir qu'il en a rendu compte à Son Altesse impériale, qui les engage à continuer, et compte sur leur bonne volonté.

Le Général de Brigade Chef de l'État-major général du Gouvernement de Paris et de la première Division militaire.

CÉSAR BERTHIER.

Pour copie conforme :

L'Adjudant-commandant, Sous-chef de l'État-major général du Gouvernement de Paris;

DOUCET.

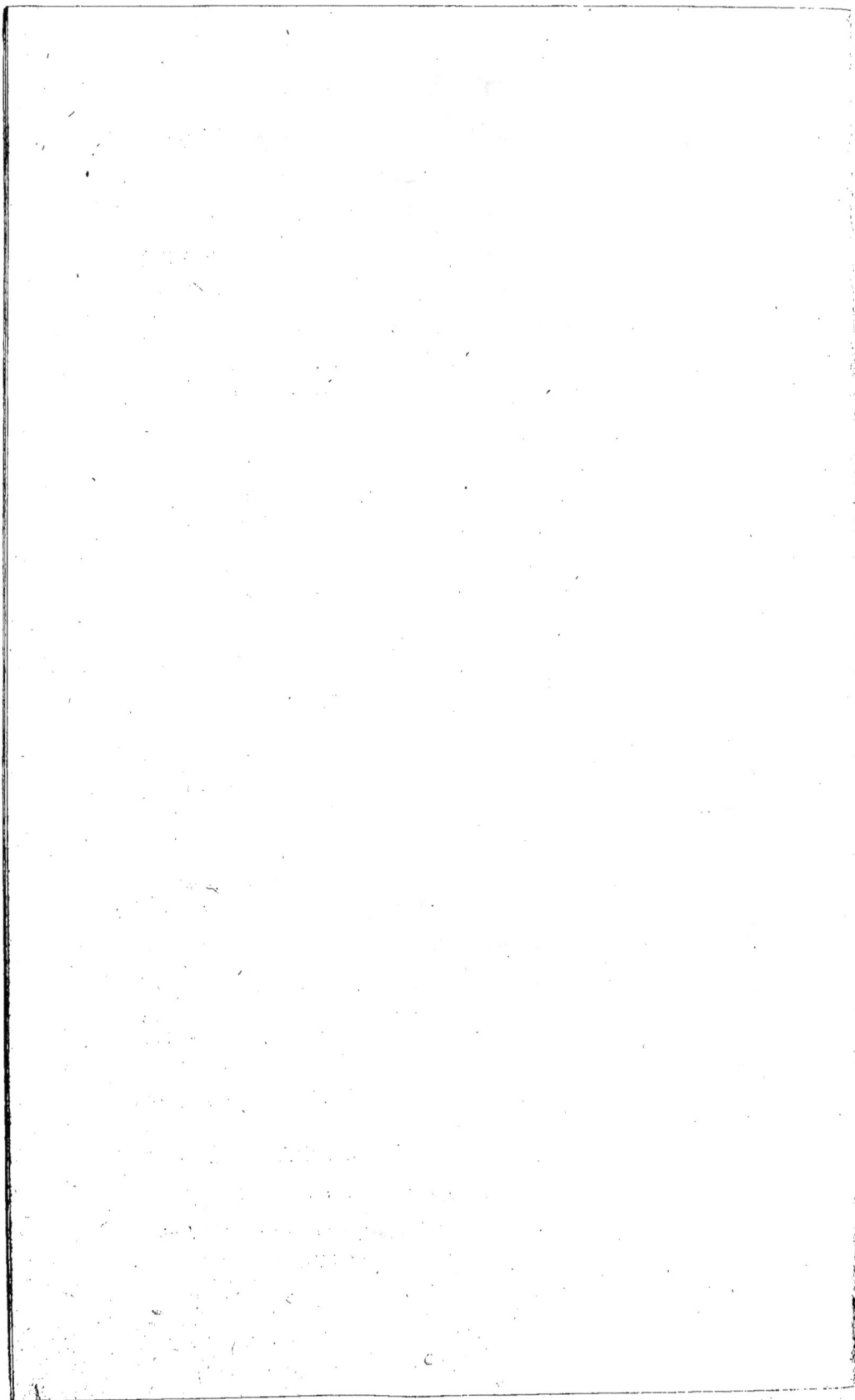

C

ÉTAT-MAJOR
DU GOUVERNEMENT DE PARIS.

ORDRE du 3 Vendémiaire an 14.

SERVICE DE L'ÉTAT-MAJOR DU GOUVERNEMENT DE PARIS.

Du 3 au 4 Vendémiaire.

Adjudant de Place de service à l'État-major........................ CORDIEZ.
Adjudant de Place de ronde de nuit............................... VIART.

Visite aux Casernes, Prisons, Hôpital, et distribution de fourrages.

Rive droite de la Seine : le Capitaine-Adjudant de Place.............. VIART.
Rive gauche : le Capitaine-Adjudant de Place..................... COTEAU.

Du 4 au 5 Vendémiaire.

Adjudant de Place de service à l'Etat-major....................... CARON.
Adjudant de Place de ronde de nuit............................... COTEAU.

Visite aux Casernes, Prisons, Hôpital, et distribution de fourrages.

Rive droite de la Seine : le Capitaine-Adjudant de Place.............. COTEAU.
Rive gauche : le Capitaine-Adjudant de Place..................... CORDIEZ.

ORDRE GÉNÉRAL.

S. M. l'Empereur et Roi a confié au Prince LOUIS, Connétable de l'Empire, le commandement de la première Division militaire, du Gouvernement de Paris, et de la Garde impériale. Le Connétable de l'Empire espère que les Officiers et Soldats sous ses ordres redoubleront de zèle et d'activité pour leur complétement et leur prompte instruction. Les régimens de ligne ne doivent pas perdre un instant pour habiller, armer et instruire les hommes qui ne le seraient pas encore, et les Conscrits qu'ils vont recevoir journellement : l'Empereur, qui connaît tous les Officiers de ses armées, ne perd point de vue ceux qu'il laisse dans l'intérieur chargés de ce soin important ; il récompensera leur zèle en les appelant des premiers à joindre ses ennemis tant de fois vaincus.

Les Vétérans et les régimens de la Garde de Paris auront aussi de la gloire à acquérir en redoublant de zèle dans leur service, en se montrant animés d'un bon esprit pour le service de l'État et de S. M. impériale. Ils doivent prouver par leur conduite qu'ils sont dignes d'être les camarades des soldats des armées actives.

Les Vétérans sont composés d'anciens et braves soldats ; leurs Officiers sont distingués par leurs services : les régimens de la Garde de Paris ont à l'armée la réputation d'être composés d'Officiers et de Soldats d'élite ; j'espère qu'ils le prouveront par leur zèle et leur bon esprit.

De mon côté, je promets aux uns et aux autres, de veiller à leurs besoins, de leur faire rendre justice toutes les fois qu'elle leur sera due, et de solliciter de S. M. l'Empereur les récompenses qu'ils auront méritées par leur conduite durant son absence de la capitale.

Signé LOUIS BONAPARTE.

Le Général de Brigade Chef de l'État-major général du Gouvernement de Paris et de la première Division militaire.

CÉSAR BERTHIER.

Pour copie conforme :

L'Adjudant-commandant, Sous-chef de l'État-major général du Gouvernement de Paris,

DOUCET.

ÉTAT-MAJOR
DU GOUVERNEMENT DE PARIS.

ORDRE du 4 Vendémiaire an 14.

SERVICE DE L'ÉTAT-MAJOR DU GOUVERNEMENT DE PARIS.

Du 4 au 5 Vendémiaire.

Adjudant de Place de service à l'État-major......................... CARON.
Adjudant de Place de ronde de nuit............................. COTEAU.

Visite aux Casernes, Prisons, Hôpital, et distribution de fourrages.

Rive droite de la Seine : le Capitaine-Adjudant de Place.............. COTEAU.
Rive gauche : le Capitaine-Adjudant de Place....................... CORDIEZ.

Du 5 au 6 Vendémiaire.

Adjudant de Place de service à l'État-major........................ VILLERS.
Adjudant de Place de ronde de nuit............................. CORDIEZ.

Visite aux Casernes, Prisons, Hôpital, et distribution de fourrages.

Rive droite de la Seine : le Capitaine-Adjudant de Place.............. CORDIEZ.
Rive gauche : le Capitaine-Adjudant de Place....................... CARON.

Rien de nouveau.

Le Général de Brigade Chef de l'État-major général du Gouvernement de Paris et de la première Division militaire.

CÉSAR BERTHIER.

Pour copie conforme :

L'Adjudant-commandant, Sous-chef de l'État-major général du Gouvernement de Paris,

DOUCET.

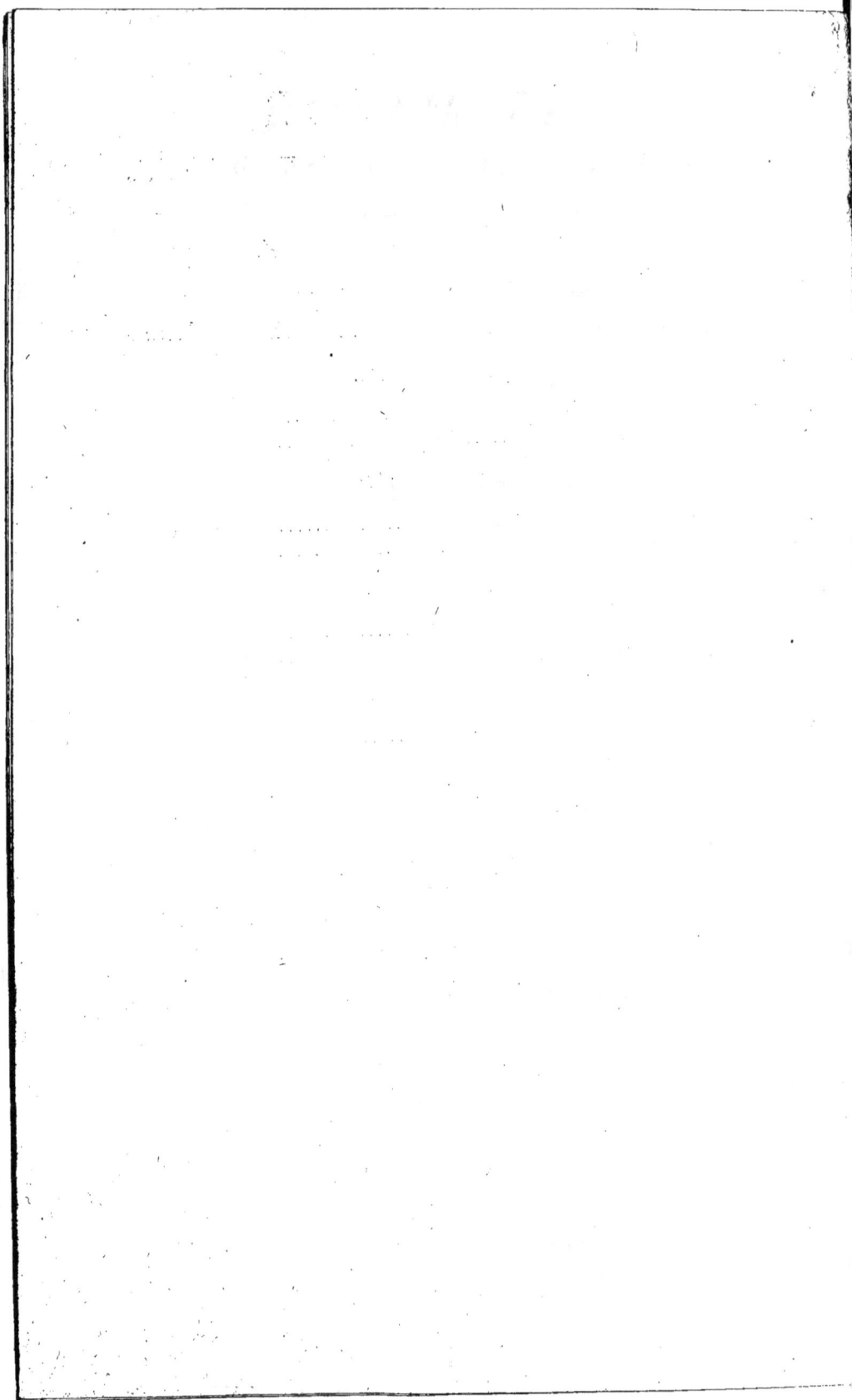

ÉTAT-MAJOR
DU GOUVERNEMENT DE PARIS.

ORDRE du 5 Vendémiaire an 14.

SERVICE DE L'ÉTAT-MAJOR DU GOUVERNEMENT DE PARIS.

Du 5 au 6 Vendémiaire.

Adjudant de Place de service à l'État-major............................. VILLERS.

Adjudant de Place de ronde de nuit................................. CORDIEZ.

Visite aux Casernes, Prisons, Hôpital, et distribution de fourrages.

Rive droite de la Seine : le Capitaine-Adjudant de Place.............. CORDIEZ.

Rive gauche : le Capitaine-Adjudant de Place........................ CARON.

Du 6 au 7 Vendémiaire.

Adjudant de Place de service à l'État-major........................ GRAILLARD.

Adjudant de Place de ronde de nuit............................... CARON.

Visite aux Casernes, Prisons, Hôpital, et distribution de fourrages.

Rive droite de la Seine : le Capitaine-Adjudant de Place.............. CARON.

Rive gauche : le Capitaine-Adjudant de Place....................... VILLERS.

ORDRE GÉNÉRAL du 5 Vendémiaire an 14.

Toutes les fois que les troupes de la garnison, de quelque arme que ce soit, prendront les armes, ce sera toujours avec leurs bagages. Les Chefs de corps feront ensorte que les sacs contiennent tout ce qu'ils doivent contenir, et qu'il ne reste au quartier aucuns effets des soldats.

Messieurs les Commandans des divers détachemens de toute arme de la Garde impériale sont prévenus qu'à dater de demain 6, tous les ordres du Connétable leur parviendront par le Général *César Berthier*, Chef de l'État-major général de la première Division militaire et du Gouvernement de Paris, et que c'est à lui qu'ils devront adresser leurs rapports journaliers. Il leur sera expédié des exemplaires de tous les Ordres du jour, depuis le premier vendémiaire.

Adjudans d'arrondissemens de Paris.

En conséquence des ordres de S. A. I. le Grand-Connétable de l'Empire, MM. *L'Étang* et *Chevallot*, Capitaines-Adjudans des 3.ᵉ et 4.ᵉ arrondissemens de cette ville, sont, à dater de ce jour, à la disposition de Monsieur le Général *Broussier*, Commandant des troupes de la garnison.

Le Général de Brigade Chef de l'État-major général du Gouvernement de Paris et de la première Division militaire.

CÉSAR BERTHIER.

Pour copie conforme :

L'Adjudant-commandant, Sous-chef de l'État-major général du Gouvernement de Paris,

DOUCET.

Le Prince *Louis*, Connétable, a été satisfait de la tenue des deux régimens de la garde de Paris, à la revue qu'il en a passée hier : pour leur en donner une preuve et leur témoigner la confiance qu'il a dans leur conduite et dans leur bravoure, il ordonne que la première compagnie de chaque bataillon sera composée de grenadiers ; les grenadiers en porteront les marques distinctives ; mais ils feront le même service qu'ils faisaient précédemment avec les autres compagnies, sans aucune distinction. Le Général *Broussier* est chargé de la formation de ces compagnies ; il est autorisé à faire à cet effet, dans toutes les compagnies, les mutations nécessaires.

Les Colonels de la garde municipale feront faire sur-le-champ le décompte aux soldats de leurs régimens, de la seconde partie de la rétribution des spectacles. Ce décompte qui devait être fait tous les six mois, d'après les réglemens, ne l'a pas encore été ; les Colonels feront ensorte que désormais il soit fait exactement.

La retenue pour la masse de linge et chaussure continuera à être portée, dans chaque corps, à quinze centimes.

Les Colonels veilleront à ce que les Capitaines fassent chaque semaine, aux termes des réglemens militaires, le décompte de l'argent provenant des travailleurs ; lequel doit être réparti entre leurs camarades.

Les Conseils d'administration s'occuperont de mettre en vigueur les réglemens militaires sur la comptabilité et l'administration des corps. Il leur est ordonné de se conformer pour les prix des différentes parties de l'habillement, à ce qui est arrêté pour l'habillement des corps de l'armée ; sous aucun prétexte, les différentes parties de l'habillement ne doivent pas coûter d'avantage.

Les livrets des sous-officiers et soldats doivent être paraphés ; les recettes et dépenses doivent y être inscrites jour par jour ; les Capitaines doivent passer la revue de linge et chaussure tous les mois, et le Colonel chaque trimestre. Sous aucun prétexte on ne doit souffrir de rature, et l'on doit avoir le plus grand soin à ce que le jour et le lieu où les effets ont été délivrés soient lisiblement écrits. Chaque homme ne doit avoir qu'un livret ; les Colonels feront supprimer ceux supplémentaires qui existent.

Aussitôt que les Conseils d'administration auront établi les registres, leur comptabilité et leur administration, conformément aux réglemens, le Général *Broussier* en sera prévenu ; il se rendra aux Conseils d'administration pour s'en assurer, par une inspection exacte, et m'en rendra compte.

Louis BONAPARTE.

Pour copie conforme :

Le Général de Brigade Chef de l'État-major général du Gouvernement de Paris et de la première Division militaire,

César BERTHIER.

ÉTAT-MAJOR
DU GOUVERNEMENT DE PARIS.

ORDRE du 6 Vendémiaire an 14.

SERVICE DE L'ÉTAT-MAJOR DU GOUVERNEMENT DE PARIS.

Du 6 au 7 Vendémiaire.

Adjudant de Place de service à l'État-major........................ GRAILLARD.
Adjudant de Place de ronde de nuit............................... CARON.

Visite aux Casernes, Prisons, Hôpital, et distribution de fourrages.

Rive droite de la Seine : le Capitaine-Adjudant de Place.............. CARON.
Rive gauche : le Capitaine-Adjudant de Place...................... VILLERS.

Du 7 au 8 Vendémiaire.

Adjudant de Place de service à l'État-major........................ VIART.
Adjudant de Place de ronde de nuit............................... VILLERS.

Visite aux Casernes, Prisons, Hôpital, et distribution de fourrages.

Rive droite de la Seine : le Capitaine-Adjudant de Place.............. VILLERS.
Rive gauche : le Capitaine-Adjudant de Place...................... GRAILLARD.

Rien de nouveau.

Le Général de Brigade Chef de l'État-major général du Gouvernement de Paris et de la première Division militaire.

CÉSAR BERTHIER.

Pour copie conforme :

L'Adjudant-commandant, Sous-chef de l'État-major général du Gouvernement de Paris,

DOUCET.

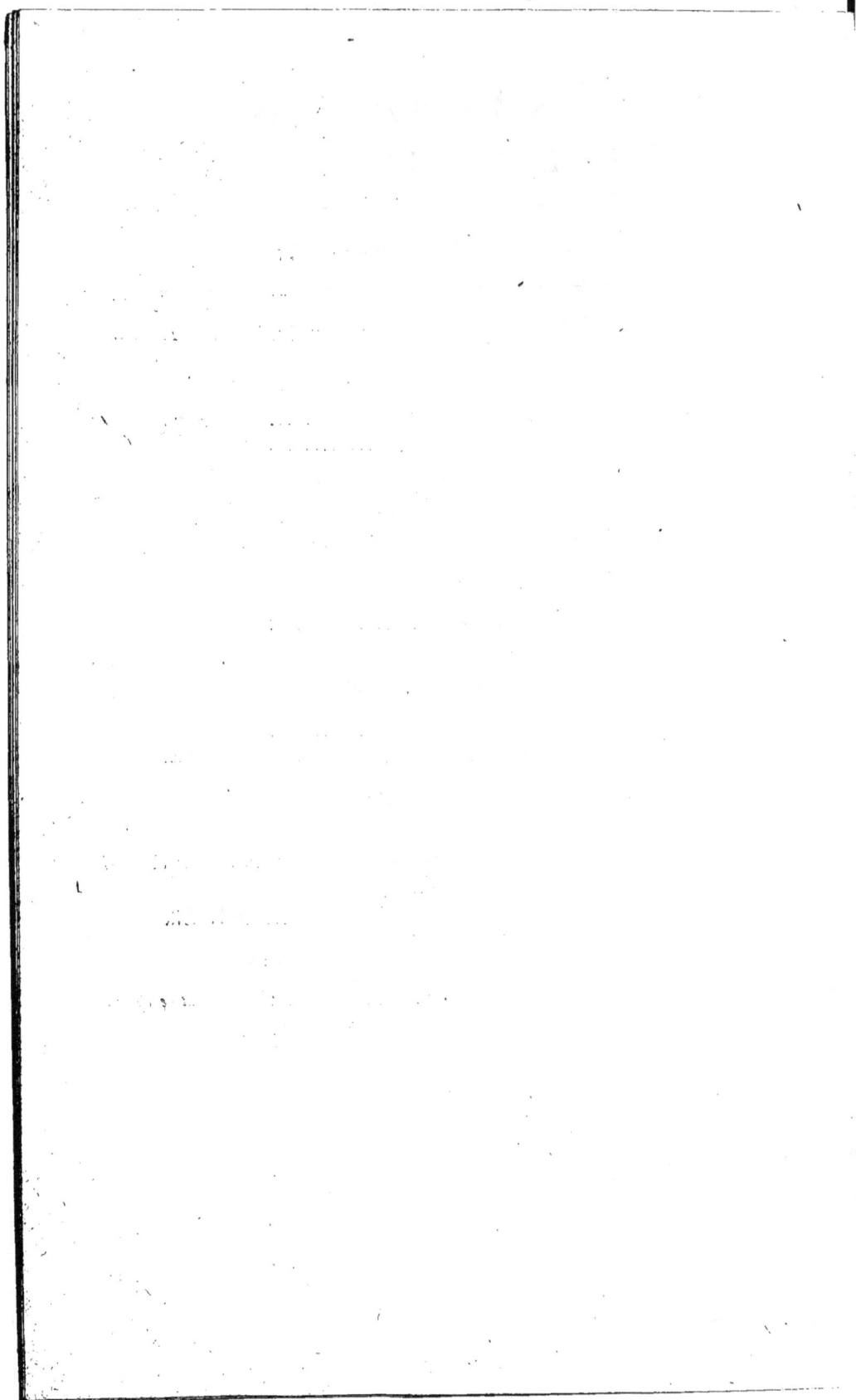

ÉTAT-MAJOR
DU GOUVERNEMENT DE PARIS.

ORDRE du 7 Vendémiaire an 14.

SERVICE DE L'ÉTAT-MAJOR DU GOUVERNEMENT DE PARIS.

Du 7 au 8 Vendémiaire.

Adjudant de Place de service à l'État-major......................... Viart.
Adjudant de Place de ronde de nuit............................... Villers.

Visite aux Casernes, Prisons, Hôpital, et distribution de fourrages.

Rive droite de la Seine : le Capitaine-Adjudant de Place.............. Villers.
Rive gauche : le Capitaine-Adjudant de Place....................... Graillard.

Du 8 au 9 Vendémiaire.

Adjudant de Place de service à l'État-major......................... Coteau.
Adjudant de Place de ronde de nuit............................... Graillard.

Visite aux Casernes, Prisons, Hôpital, et distribution de fourrages.

Rive droite de la Seine : le Capitaine-Adjudant de Place.............. Graillard.
Rive gauche : le Capitaine-Adjudant de Place....................... Viart.

Rien de nouveau.

Le Général de Brigade Chef de l'État-major général du Gouvernement de Paris et de la première Division militaire.

CÉSAR BERTHIER.

Pour copie conforme :

L'Adjudant-commandant, Sous-chef de l'État-major général du Gouvernement de Paris,

DOUCET.

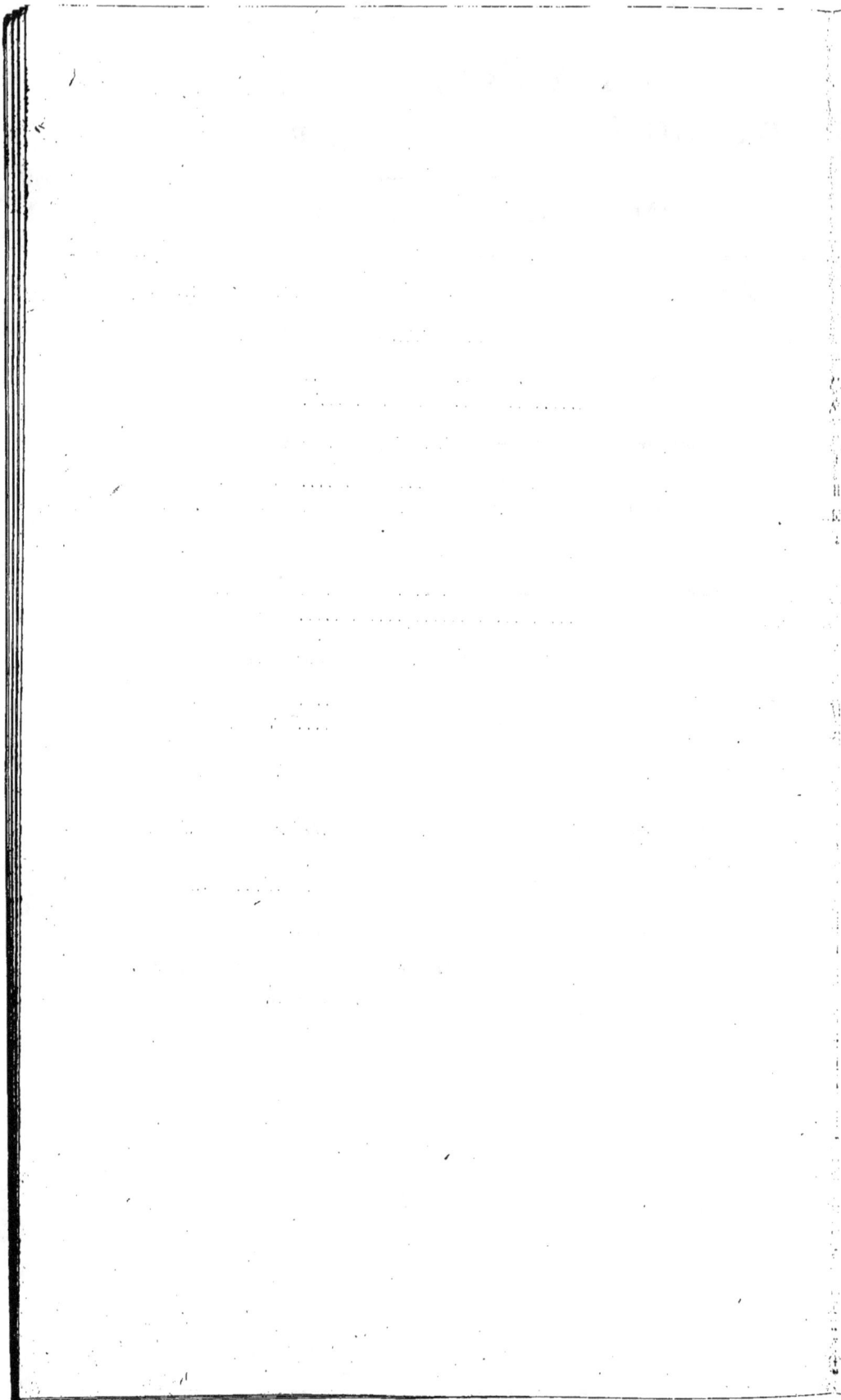

ÉTAT-MAJOR
DU GOUVERNEMENT DE PARIS.

ORDRE du 8 Vendémiaire an 14.

SERVICE DE L'ÉTAT-MAJOR DU GOUVERNEMENT DE PARIS.

Du 8 au 9 Vendémiaire.

Adjudant de Place de service à l'État-major...................... COTEAU,

Adjudant de Place de ronde de nuit............................. GRAILLARD.

Visite aux Casernes, Prisons, Hôpital, et distribution de fourrages.

Rive droite de la Seine : le Capitaine-Adjudant de Place.............. GRAILLARD.

Rive gauche : le Capitaine-Adjudant de Place...................... VIART.

Du 9 au 10 Vendémiaire.

Adjudant de Place de service à l'État-major...................... CORDIEZ.

Adjudant de Place de ronde de nuit............................. VIART.

Visite aux Casernes, Prisons, Hôpital, et distribution de fourrages.

Rive droite de la Seine : le Capitaine-Adjudant de Place.............. VIART.

Rive gauche : le Capitaine-Adjudant de Place...................... COTEAU.

ORDRE GÉNÉRAL du 8 Vendémiaire an 14.

Toutes les fois que les troupes de la garnison prendront les armes, les Colonels feront en sorte que tous leurs hommes disponibles soient présens ; ils justifieront de l'absence de ceux qui ne s'y trouveront pas, par un état nominatif : la cause de l'absence sera motivée ; ils ne pourront porter sur cet état que les hommes restés au quartier pour la cuisine, les ouvriers et les hommes punis du cachot ou de la prison de la ville. Les travailleurs ne doivent pas être dispensés de paraître au rassemblement des régimens ; ils se trouveront à toutes les manœuvres, revues et parades, et le nombre des travailleurs ne pourra être de plus de six par compagnie. Quant aux malades, ils seront portés sur un autre état signé par le Chirurgien major du régiment, constatant la nature de l'indisposition des Officiers, Sous-officiers et Soldats, et qu'elle les empêche de se trouver sous les armes. Les hommes de service seront portés collectivement au bas de la situation du régiment ; mais le nombre des postes et leur force seront désignés.

Il est expressément enjoint aux Chefs de corps de faire paraître tous les hommes qui composent leurs régimens ; ils sont prévenus qu'ils seront responsables de la moindre inexactitude qui se trouverait sur leurs situations.

Les hommes non encore habillés, ceux qui seraient à la salle de police ou consignés, les ouvriers qui ne seraient pas occupés, devront se trouver constamment aux rassemblemens de leurs régimens : le général *Broussier* est responsable de la stricte exécution de cet ordre.

Les états de situation pour toutes les troupes de la 1.re Division militaire et de la garnison de Paris, seront augmentés de deux colonnes, l'une destinée à rappeler la dernière situation, et l'autre à motiver la différence.

Les Conseils d'administration des régimens de vétérans qui se trouvent dans ce moment dans l'étendue de la 1.re Division militaire, seront composés, pour l'an 14, conformément au décret de leur formation. Le Chef d'État-major général me rendra compte de leur composition actuelle.

LOUIS BONAPARTE.

Pour copie conforme :

Le Général de Brigade Chef de l'État-major général du Gouvernement de Paris et de la première Division militaire.

CÉSAR BERTHIER.

L'Adjudant-commandant, Sous-chef de l'État-major général du Gouvernement de Paris,

DOUCET.

ÉTAT-MAJOR
DU GOUVERNEMENT DE PARIS.

ORDRE du 9 Vendémiaire an 14.

SERVICE DE L'ÉTAT-MAJOR DU GOUVERNEMENT DE PARIS.

Du 9 au 10 Vendémiaire.

Adjudant de Place de service à l'État-major......................... CORDIEZ.
Adjudant de Place de ronde de nuit............................... VIART.

Visite aux Casernes, Prisons, Hôpital, et distribution de fourrages.

Rive droite de la Seine : le Capitaine-Adjudant de Place.............. VIART.
Rive gauche : le Capitaine-Adjudant de Place....................... COTEAU.

Du 10 au 11 Vendémiaire.

Adjudant de Place de service à l'État-major......................... CARON.
Adjudant de Place de ronde de nuit............................... COTEAU.

Visite aux Casernes, Prisons, Hôpital, et distribution de fourrages.

Rive droite de la Seine : le Capitaine-Adjudant de Place.............. COTEAU.
Rive gauche : le Capitaine-Adjudant de Place....................... CORDIEZ.

Rien de nouveau.

Le Général de Brigade Chef de l'État-major général du Gouvernement de Paris et de la première Division militaire.

CÉSAR BERTHIER.

Pour copie conforme :

L'Adjudant-commandant, Sous-chef de l'État-major général du Gouvernement de Paris,

DOUCET.

Pour copie conforme :

DOUCET.

ÉTAT-MAJOR
DU GOUVERNEMENT DE PARIS.

ORDRE du 9 Vendémiaire an 14.

SERVICE DE L'ÉTAT-MAJOR DU GOUVERNEMENT DE PARIS.

Du 9 au 10 Vendémiaire.

Adjudant de Place de service à l'État-major........................ CORDIEZ.
Adjudant de Place de ronde de nuit............................... VIART.

Visite aux Casernes, Prisons, Hôpital, et distribution de fourrages.

Rive droite de la Seine : le Capitaine-Adjudant de Place.............. VIART.
Rive gauche : le Capitaine-Adjudant de Place...................... COTEAU.

Du 10 au 11 Vendémiaire.

Adjudant de Place de service à l'État-major........................ CARON.
Adjudant de Place de ronde de nuit............................... COTEAU.

Visite aux Casernes, Prisons, Hôpital, et distribution de fourrages.

Rive droite de la Seine : le Capitaine-Adjudant de Place.............. COTEAU.
Rive gauche : le Capitaine-Adjudant de Place...................... CORDIEZ.

ORDRE GÉNÉRAL.

Conformément à l'article 9 de l'Arrêté du 4 germinal an 8 , qui organise les Corps de Vétérans nationaux, Le Conseil d'administration de chaque Demi-brigade de Vétérans doit être composé,
> du Chef de Brigade,
> de trois Capitaines,
> Et de trois Lieutenans.

Les Capitaines et Lieutenans seront pris , à tour de rôle , dans les Bataillons , de manière qu'il y ait toujours dans le Conseil un Capitaine et un Lieutenant de chaque Bataillon.

Le Chef de Brigade sera remplacé, en cas d'absence, par le plus ancien Chef de Bataillon.

Les Conseils d'administration des 1.re, 4.e et 10.e Demi-brigades de Vétérans , pour l'an 14 et l'an 1806 , seront composés des sept membres désignés dans l'Arrêté ci-dessus , de deux Chefs de Bataillon, les plus anciens de grade ; ce qui portera le nombre des membres des Conseils à neuf. Cette mesure sera provisoire.

Le Général *Broussier* est chargé d'installer les Conseils d'administration dans les 4.e et 10.e Demi-brigades , conformément au présent Ordre.

Le Général Chef de l'État-major général est chargé de faire installer celui de la 1.re Demi-brigade.

Conformément aux Réglemens , les Conseils d'administration doivent être convoqués par l'Ordre du jour du Régiment. Il est défendu à tous les membres du Conseil d'administration de rien signer isolément, et de se considérer comme membres du Conseil d'administration ailleurs que dans le lieu ordinaire des séances , qui ne peut être que chez le Chef de Brigade.

Toutes les fois que des membres du Conseil seront absens du Corps , ils seront remplacés, conformément à l'Arrêté du 4 germinal an 8 , par des suppléans , à tour de rôle , et par ancienneté : les noms de ces suppléans, et les motifs d'absence de ceux qu'ils remplaceront , seront désignés dans l'Ordre du Régiment qui convoque le Conseil.

Les Chefs de Brigade sont personnellement responsables de l'exécution de cet Ordre.

LOUIS BONAPARTE.

Pour copie conforme :

Le Général de Brigade Chef de l'État-major général du Gouvernement de Paris et de la première Division militaire.

CÉSAR BERTHIER.

Pour copie conforme :

L'Adjudant-commandant , Sous-chef de l'État-major général du Gouvernement de Paris,

DOUCET.

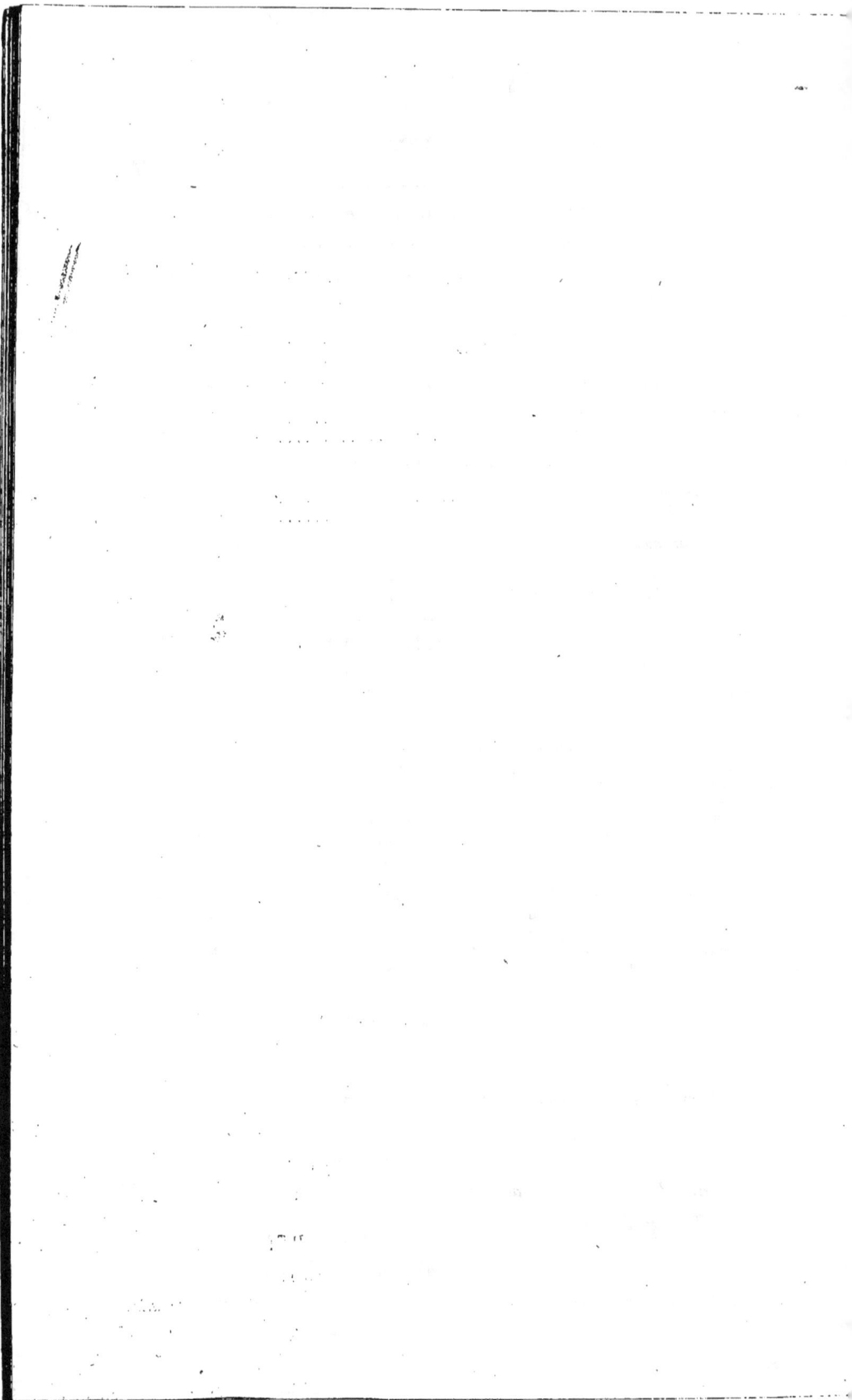

ÉTAT-MAJOR
DU GOUVERNEMENT DE PARIS.

ORDRE du 10 Vendémiaire an 14.

SERVICE DE L'ÉTAT-MAJOR DU GOUVERNEMENT DE PARIS.

Du 10 au 11 Vendémiaire.

Adjudant de Place de service à l'État-major........................ CARON.
Adjudant de Place de ronde de nuit............................. COTEAU.

Visite aux Casernes, Prisons, Hôpital, et distribution de fourrages.

Rive droite de la Seine : le Capitaine-Adjudant de Place.............. COTEAU.
Rive gauche : le Capitaine-Adjudant de Place...................... CORDIEZ.

Du 11 au 12 Vendémiaire.

Adjudant de Place de service à l'État-major........................ VILLERS.
Adjudant de Place de ronde de nuit............................. CORDIEZ.

Visite aux Casernes, Prisons, Hôpital, et distribution de fourrages.

Rive droite de la Seine : le Capitaine-Adjudant de Place.............. CORDIEZ.
Rive gauche : le Capitaine-Adjudant de Place...................... CARON.

Rien de nouveau.

Le Général de Brigade Chef de l'État-major général du Gouvernement de Paris et de la première Division militaire.

CÉSAR BERTHIER.

Pour copie conforme :

L'Adjudant-commandant, Sous-chef de l'État-major général du Gouvernement de Paris,

DOUCET.

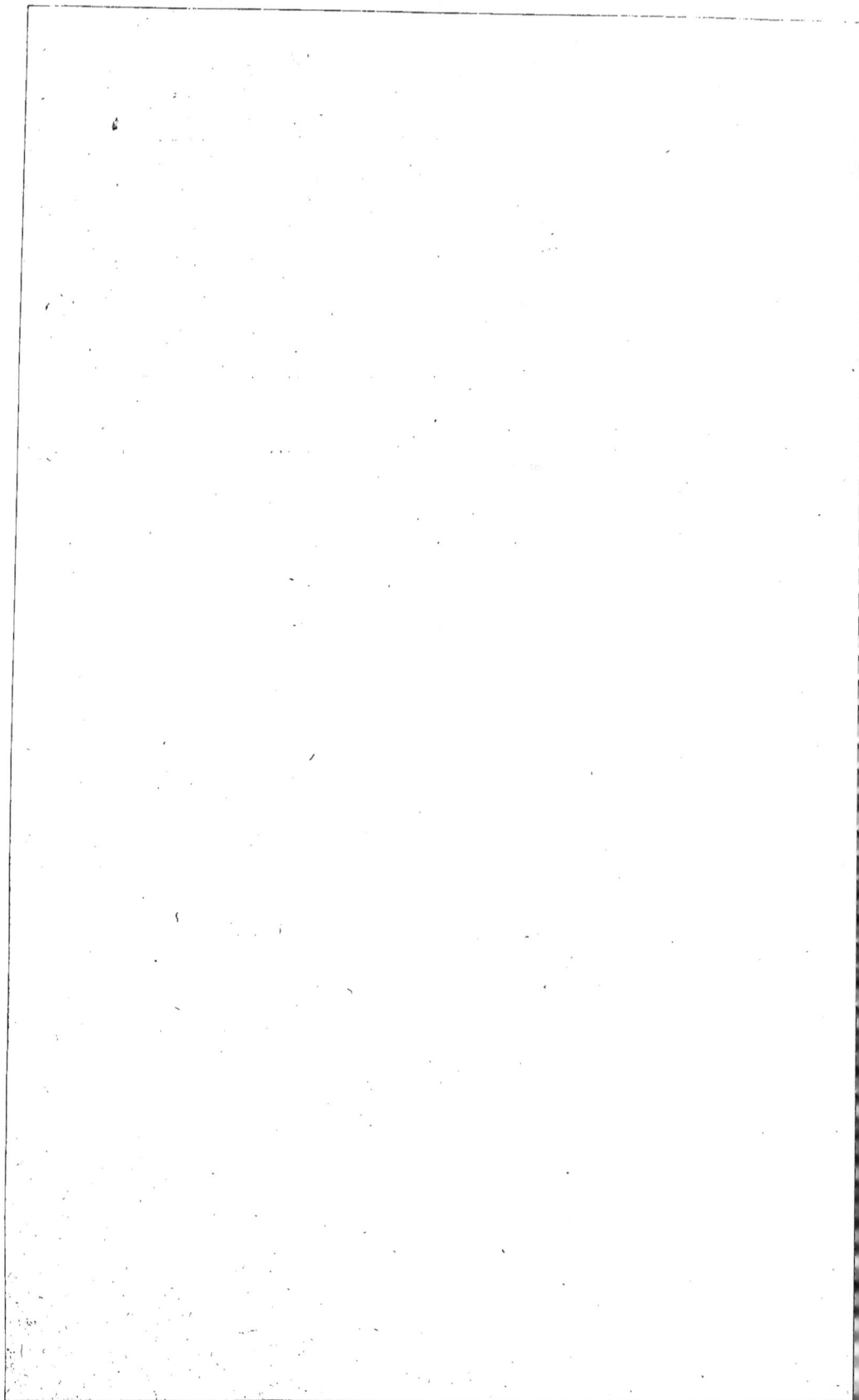

ÉTAT-MAJOR
DU GOUVERNEMENT DE PARIS.

ORDRE du 11 Vendémiaire an 14.

Du 11 au 12 Vendémiaire.

Adjudant de Place de service à l'État-major......................... VILLERS.
Adjudant de Place de ronde de nuit...:........................ CORDIEZ.

Visite aux Casernes, Prisons, Hôpital, et distribution de fourrages.

Rive droite de la Seine : le Capitaine-Adjudant de Place.............. CORDIEZ.
Rive gauche : le Capitaine-Adjudant de Place....................... CARON.

Du 12 au 13 Vendémiaire.

Adjudant de Place de service à l'État-major......................... GRAILLARD.
Adjudant de Place de ronde de nuit............................... CARON.

Visite aux Casernes, Prisons, Hôpital, et distribution de fourrages.

Rive droite de la Seine : le Capitaine-Adjudant de Place............../. CARON.
Rive gauche : le Capitaine-Adjudant de Place....................... VILLERS.

ORDRE GÉNÉRAL du 11 Vendémiaire an 14.

LES déserteurs qui doivent être conduits à leurs corps pour y être jugés contradictoirement, et qui se trouvent aux dépôts en ce moment, y resteront jusqu'à nouvel ordre.

M. le Sous-inspecteur aux revues *Bremont* est chargé d'examiner attentivement l'administration de la deuxième partie de la rétribution des spectacles et celle de la masse des travailleurs dans les compagnies des trois corps de la Garde municipale, et dans celles des deux régimens de Vétérans ; il assemblera à cet effet les Conseils d'administration de ces régimens, et se fera donner tous les renseignemens qui pourront lui être nécessaires.

Il vérifiera l'administration de l'habillement dans ces régimens, celles de la masse de linge et chaussure ; il s'assurera de la véracité des notes ci-jointes, et me rendra compte de son travail.

LOUIS BONAPARTE.

Pour copie conforme :

Le Général de Brigade Chef de l'État-major général du Gouvernement de Paris et de la première Division militaire.

CÉSAR BERTHIER.

Pour copie conforme :

L'Adjudant-commandant, Sous-chef de l'État-major général du Gouvernement de Paris,

DOUCET.

ÉTAT-MAJOR
DU GOUVERNEMENT DE PARIS.

ORDRE du 12 Vendémiaire an 14.

SERVICE DE L'ÉTAT-MAJOR DU GOUVERNEMENT DE PARIS.

Du 12 au 13 Vendémiaire.

Adjudant de Place de service à l'État-major........................ GRAILLARD.
Adjudant de Place de ronde de nuit............................... CARON.

Visite aux Casernes, Prisons, Hôpital, et distribution de fourrages.

Rive droite de la Seine : le Capitaine-Adjudant de Place.............. CARON.
Rive gauche : le Capitaine-Adjudant de Place...................... VILLERS.

Du 13 au 14 Vendémiaire.

Adjudant de Place de service à l'État-major........................ SANSON.
Adjudant de Place de ronde de nuit............................... VILLERS.

Visite aux Casernes, Prisons, Hôpital, et distribution de fourrages.

Rive droite de la Seine : le Capitaine-Adjudant de Place.............. VILLERS.
Rive gauche : le Capitaine-Adjudant de Place...................... GRAILLARD.

Rien de nouveau.

Le Général de Brigade Chef de l'État-major général du Gouvernement de Paris et de la première Division militaire.

CÉSAR BERTHIER.

Pour copie conforme :

L'Adjudant-commandant, Sous-chef de l'État-major général du Gouvernement de Paris,

DOUCET.

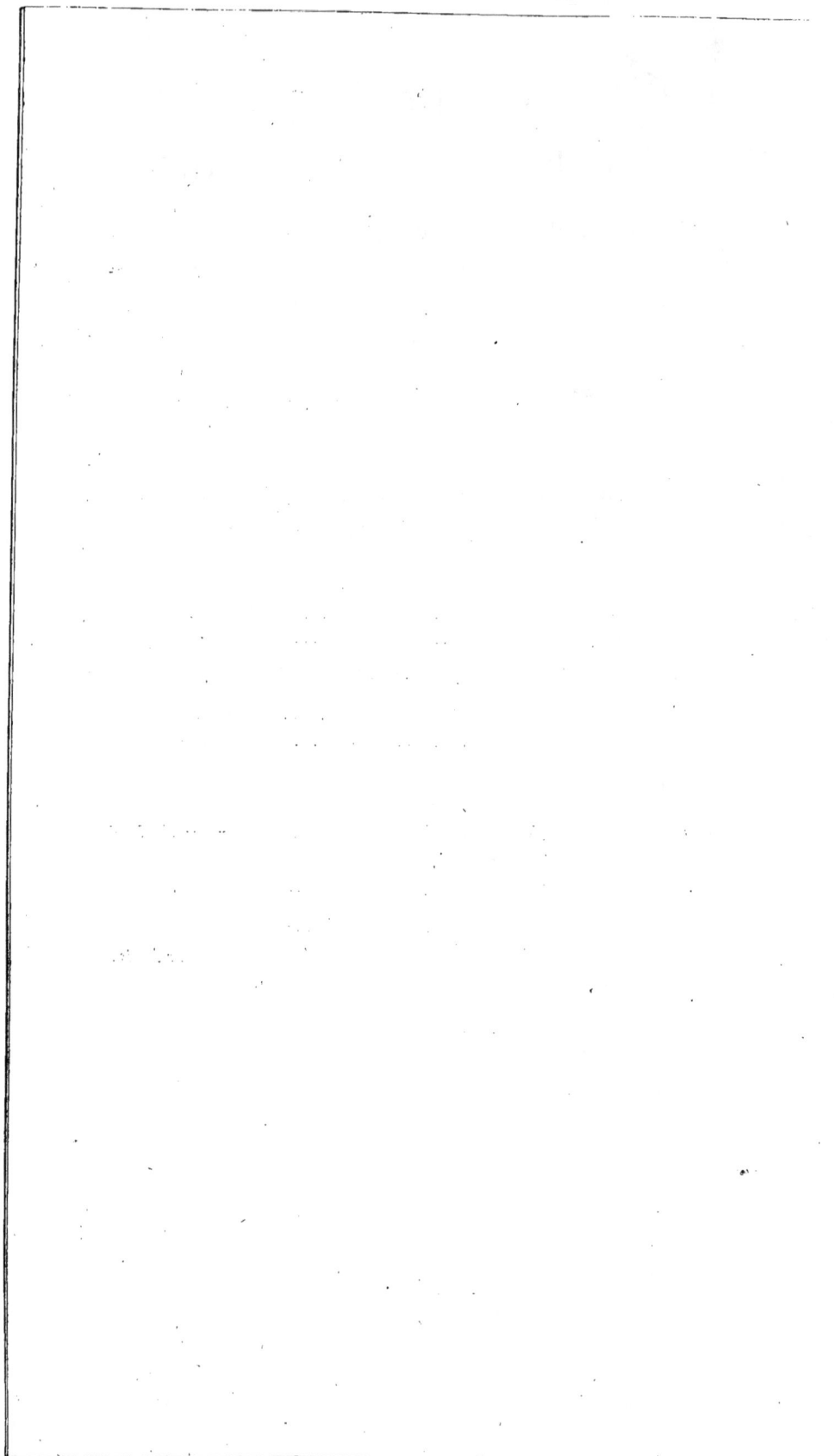

ÉTAT-MAJOR
DU GOUVERNEMENT DE PARIS.

ORDRE du 14 Vendémiaire an 14.

SERVICE DE L'ÉTAT-MAJOR DU GOUVERNEMENT DE PARIS.

Du 14 au 15 Vendémiaire.

Adjudant de Place de service à l'État-major............................. COTEAU.
Adjudant de Place de ronde de nuit................................ GRAILLARD.

Visite aux Casernes, Prisons, Hôpital, et distribution de fourrages.

Rive droite de la Seine : le Capitaine-Adjudant de Place.............. GRAILLARD.
Rive gauche : le Lieutenant-Adjudant de Place...................... SANSON.

Du 15 au 16 Vendémiaire.

Adjudant de Place de service à l'État-major........................ CORDIEZ.
Adjudant de Place de ronde de nuit................................ SANSON.

Visite aux Casernes, Prisons, Hôpital, et distribution de fourrages.

Rive droite de la Seine : le Lieutenant-Adjudant de Place.............. SANSON.
Rive gauche : le Capitaine-Adjudant de Place....................... COTEAU.

ORDRE GÉNÉRAL du 13 Vendémiaire an 14.

LES enfans de troupe pour les régimens de la Garde municipale compteront dans les compagnies, et seront traités comme les enfans de troupe des régimens de ligne, quant à leur solde et leur habillement.

Les Conseils d'administration adresseront les demandes d'admission au Général *Broussier*, qui décidera de leur adoption ou de leur rejet.

En conséquence de cet ordre, il ne sera rien distrait de la rétribution des spectacles pour la solde des enfans de troupe.

Toutes les fois qu'il y aura parade, tous les Corps de la garnison devront s'y trouver sans aucune exception : les Colonels rendront compte, conformément à l'ordre du 8 de ce mois, des Officiers de tout grade, Sous-officiers et Soldats absens.

Tous les détachemens de la Garde impériale, les seuls Vétérans de la Garde exceptés, devront s'y trouver.

Les Colonels et Commandans de Corps ne pourront se dispenser de commander leurs régimens. Pendant que l'on passe dans les rangs, tous les Officiers doivent rester à leur place, à la seule exception du Colonel qui doit suivre celui qui passe la revue.

Les Officiers généraux, Officiers supérieurs, Adjoints aux États-majors, et Adjudans de place employés à Paris, devront s'y trouver sans aucune exception.

Le jour où il y aura parade, les détachemens des divers corps qui devront relever les postes, s'y trouveront; ils seront réunis sous le commandement d'un Adjudant de Place, et ils partiront pour rejoindre leur poste respectif, dès qu'ils auront défilés, et sans s'arrêter.

Le mot d'ordre du jour sera donné avant que les troupes aient défilées, et l'on aura soin, pour tous les détails concernant les parades, de suivre strictement les réglemens militaires.

Demain dimanche, la parade aura lieu à dix heures précises du matin sur la place de la Concorde.

Les Sous-officiers et Soldats de la Garde municipale sont prévenus que l'appel fait par sa Majesté l'Empereur aux Sous-officiers et Soldats retirés, ne peut les concerner en aucune manière, de même que les dispositions qui ordonnent de leur rendre leur ancien grade. Cet arrêté n'est relatif qu'aux Sous-officiers et Soldats qui ont obtenu leur retraite.

Le Colonel du 1.er Régiment de la Garde municipale présentera au Général *Broussier* les sept recrues qui lui sont arrivées hier. A l'avenir, les Colonels des Régimens municipaux ne recevront aucun homme s'il n'a été présenté au Général *Broussier*, qui, après avoir visité leurs papiers, et s'être assuré de leurs services et de leur conduite, prononcera de leur admission ou de leur rejet.

Signé LOUIS BONAPARTE.

Pour copie conforme :

Le Général de Brigade Chef de l'État-major général du Gouvernement de Paris et de la première Division militaire,

CÉSAR BERTHIER.

Pour copie conforme :

L'Adjudant-commandant, Sous-chef de l'État-major général du Gouvernement de Paris,

DOUCET,

ÉTAT-MAJOR
DU GOUVERNEMENT DE PARIS.

ORDRE du 15 Vendémiaire an 14.

SERVICE DE L'ÉTAT-MAJOR DU GOUVERNEMENT DE PARIS.

Du 15 au 16 Vendémiaire.

Adjudant de Place de service à l'État-major....................... CORDIEZ.
Adjudant de Place de ronde de nuit............................. SANSON.

Visite aux Casernes, Prisons, Hôpital, et distribution de fourrages.

Rive droite de la Seine : le Lieutenant-Adjudant de Place.............. SANSON.
Rive gauche : le Capitaine-Adjudant de Place....................... COTEAU.

Du 16 au 17 Vendémiaire.

Adjudant de Place de service à l'Etat-major....................... CARON.
Adjudant de Place de ronde de nuit............................. COTEAU.

Visite aux Casernes, Prisons, Hôpital, et distribution de fourrages.

Rive droite de la Seine : le Capitaine-Adjudant de Place.............. COTEAU.
Rive gauche : le Capitaine-Adjudant de Place...................... CORDIEZ.

Rien de nouveau.

Le Général de Brigade Chef de l'État-major général du Gouvernement de Paris et de la première Division militaire.

CÉSAR BERTHIER.

Pour copie conforme :

L'Adjudant-commandant, Sous-chef de l'État-major général du Gouvernement de Paris,

DOUCET.

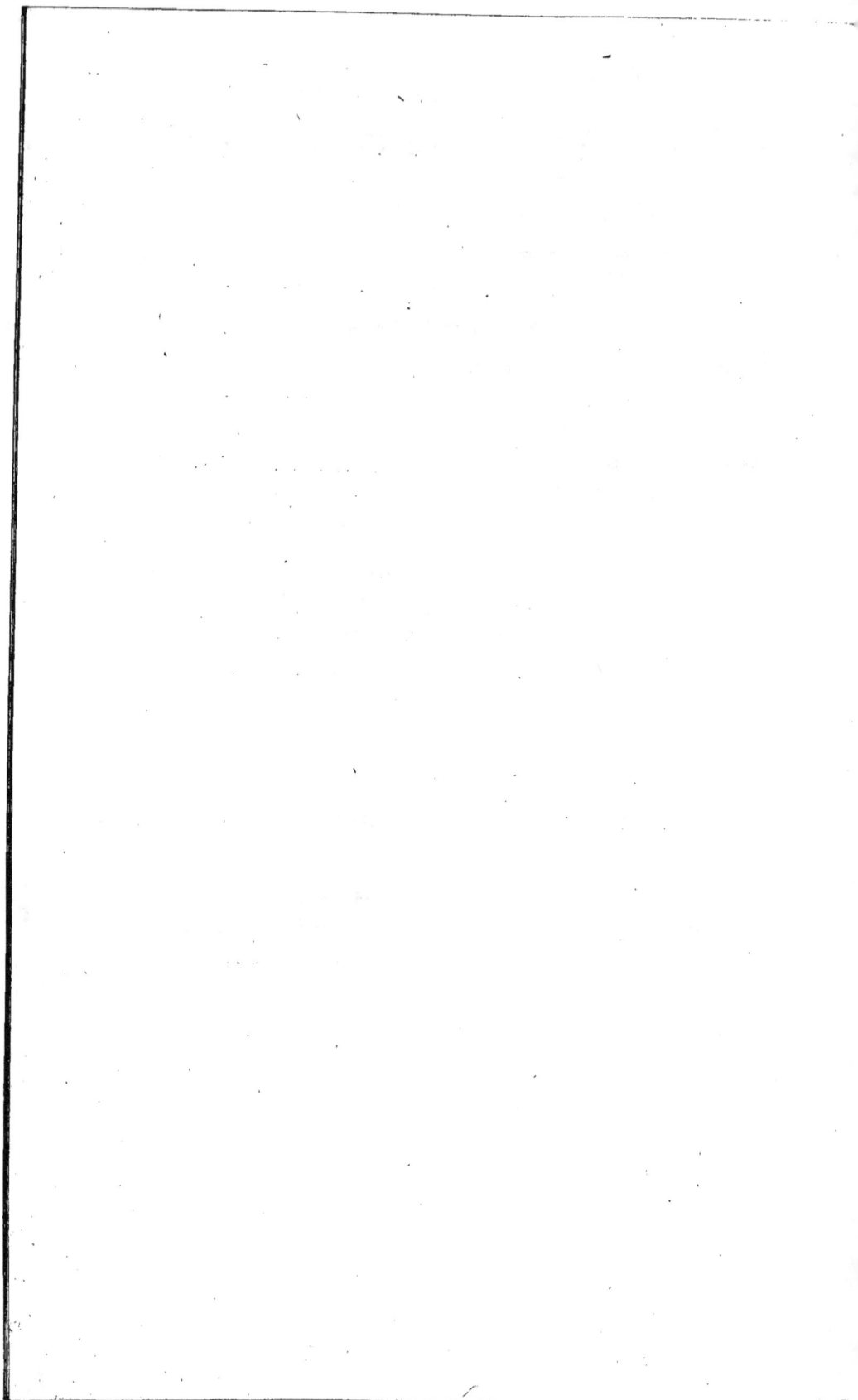

ÉTAT-MAJOR
DU GOUVERNEMENT DE PARIS.

ORDRE du 16 Vendémiaire an 14.

SERVICE DE L'ÉTAT-MAJOR DU GOUVERNEMENT DE PARIS.

Du 16 au 17 Vendémiaire.

Adjudant de Place de service à l'État-major....................... CARON.
Adjudant de Place de ronde de nuit............................. COTEAU.

Visite aux Casernes, Prisons, Hôpital, et distribution de fourrages.

Rive droite de la Seine : le Capitaine-Adjudant de Place.............. COTEAU.
Rive gauche : le Capitaine-Adjudant de Place...................... CORDIEZ.

Du 17 au 18 Vendémiaire.

Adjudant de Place de service à l'État-major....................... VILLERS.
Adjudant de Place de ronde de nuit............................. CORDIEZ.

Visite aux Casernes, Prisons, Hôpital, et distribution de fourrages.

Rive droite de la Seine : le Capitaine-Adjudant de Place.............. CORDIEZ.
Rive gauche : le Capitaine-Adjudant de Place...................... CARON.

Rien de nouveau.

Le Général de Brigade Chef de l'État-major général du Gouvernement de Paris et de la première Division militaire.

CÉSAR BERTHIER.

Pour copie conforme :

L'Adjudant-commandant, Sous-chef de l'État-major général du Gouvernement de Paris,

DOUCET.

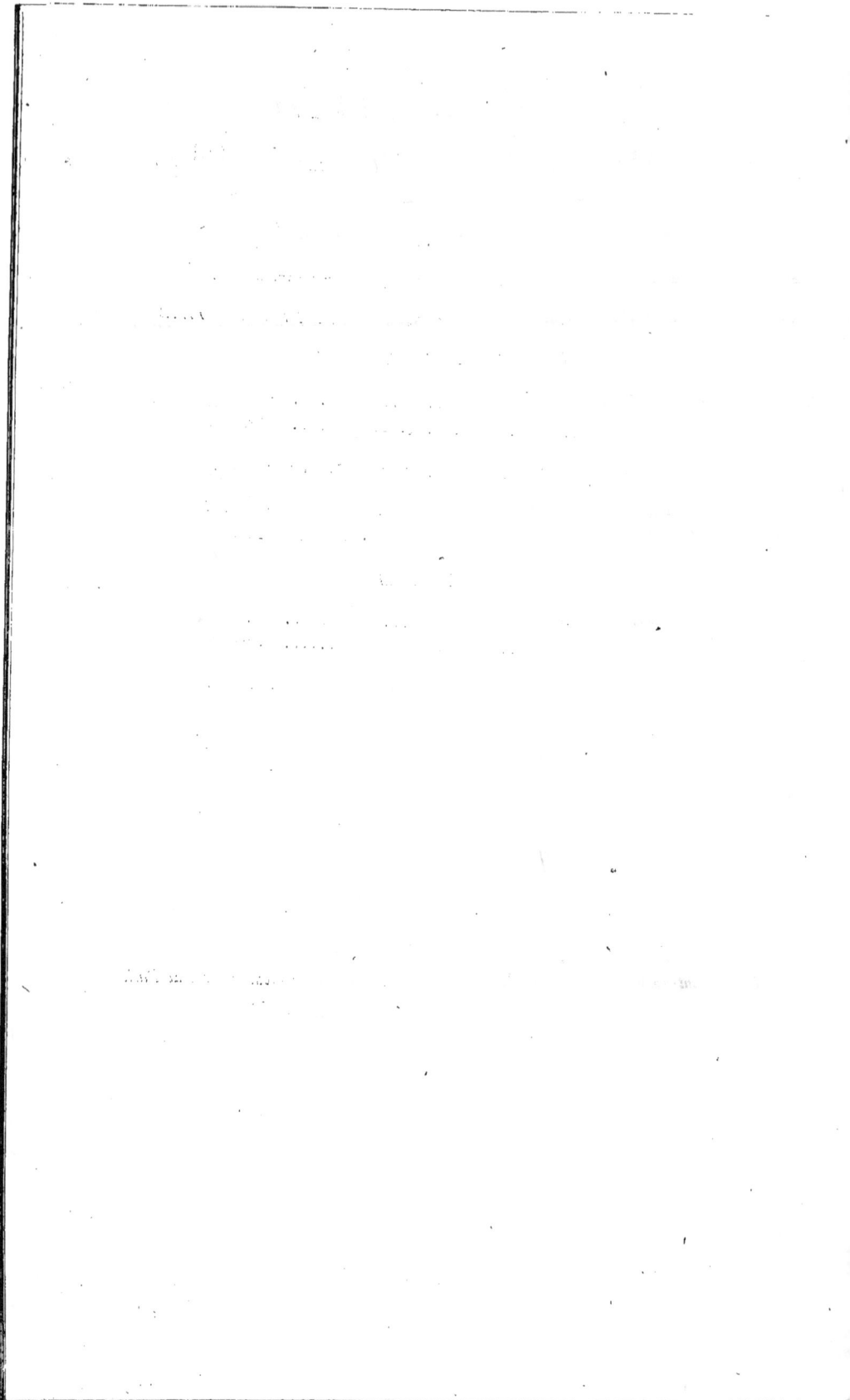

ÉTAT-MAJOR
DU GOUVERNEMENT DE PARIS.

ORDRE du 17 Vendémiaire an '14.

SERVICE DE L'ÉTAT-MAJOR DU GOUVERNEMENT DE PARIS.

Du 17 au 18 Vendémiaire.

Adjudant de Place de service à l'État-major......................... VILLERS.
Adjudant de Place de ronde de nuit............................... CORDIEZ.

Visite aux Casernes, Prisons, Hôpital, et distribution de fourrages.

Rive droite de la Seine : le Capitaine-Adjudant de Place............... CORDIEZ.
Rive gauche : le Capitaine-Adjudant de Place....................... CARON.

Du 18 au 19 Vendémiaire.

Adjudant de Place de service à l'État-major......................... GRAILLARD.
Adjudant de Place de ronde de nuit............................... CARON.

Visite aux Casernes, Prisons, Hôpital, et distribution de fourrages.

Rive droite de la Seine : le Capitaine-Adjudant de Place.............. CARON.
Rive gauche : le Capitaine-Adjudant de Place....................... VILLERS.

PARADE.

En conséquence des ordres de Son Altesse impériale le Grand-Connétable, il y aura une parade particulière sur la place dite *du vieux Louvre*, tous les jeudis de chaque semaine, composée seulement des troupes devant monter la garde pour le service du jour.

L'Adjudant-commandant *Doucet*, Sous-chef de l'État-major du Gouvernement, en fera l'inspection, et fera défiler les troupes.

Messieurs les Officiers généraux, supérieurs et autres, employés dans le Gouvernement, devront s'y rendre. Cette parade aura lieu à onze heures précises du matin.

Les rapports seront remis à Son Altesse impériale, comme à l'ordinaire, à midi.

Le Général de Brigade Chef de l'État-major général du Gouvernement de Paris et de la première Division militaire ,

CÉSAR BERTHIER.

Pour copie conforme :

L'Adjudant-commandant , Sous-chef de l'État-major général du Gouvernement de Paris ,

DOUCET,

ÉTAT-MAJOR
DU GOUVERNEMENT DE PARIS.

ORDRE du 18 Vendémiaire an 14.

SERVICE DE L'ÉTAT-MAJOR DU GOUVERNEMENT DE PARIS.

Du 18 au 19 Vendémiaire.

Adjudant de Place de service à l'État-major......................... GRAILLARD.
Adjudant de Place de rònde de nuit.............................. CARON.

Visite aux Casernes, Prisons, Hôpital, et distribution de fourrages.

Rive droite de la Seine : le Capitaine-Adjudant de Place.............. CARON.
Rive gauche : le Capitaine-Adjudant de Place....................... VILLERS.

Du 19 au 20 Vendémiaire.

Adjudant de Place de service à l'État-major......................... SANSON.
Adjudant de Place de ronde de nuit............................... VILLERS.

Visite aux Casernes, Prisons, Hôpital, et distribution de fourrages.

Rive droite de la Seine : le Capitaine-Adjudant de Place.............. VILLERS.
Rive gauche : le Capitaine-Adjudant de Place....................... GRAILLARD.

Rien de nouveau.

Le Général de Brigade Chef de l'État-major général du Gouvernement de Paris et de la première Division militaire,

CÉSAR BERTHIER.

Pour copie conforme :

L'Adjudant-commandant, Sous-chef de l'État-major général du Gouvernement de Paris,

DOUCET.

ÉTAT-MAJOR
DU GOUVERNEMENT DE PARIS.

ORDRE du 19 Vendémiaire an 14.

SERVICE DE L'ÉTAT-MAJOR DU GOUVERNEMENT DE PARIS.

Du 19 au 20 Vendémiaire.

Adjudant de Place de service à l'État-major......................... SANSON.
Adjudant de Place de ronde de nuit............................... VILLERS.

Visite aux Casernes, Prisons, Hôpital, et distribution de fourrages.

Rive droite de la Seine : le Capitaine-Adjudant de Place............... VILLERS.
Rive gauche : le Capitaine-Adjudant de Place....................... GRAILLARD.

Du 20 au 21 Vendémiaire.

Adjudant de Place de service à l'État-major......................... VIART.
Adjudant de Place de ronde de nuit............................... GRAILLARD.

Visite aux Casernes, Prisons, Hôpital, et distribution de fourrages.

Rive droite de la Seine : le Capitaine-Adjudant de Place.............. GRAILLARD.
Rive gauche : le Capitaine-Adjudant de Place....................... SANSON.

ORDRE GÉNÉRAL.

En conséquence des ordres de son Altesse impériale le grand Connétable, Messieurs les Officiers supérieurs des différens corps de la garnison qui n'étaient point hier à la parade, garderont les arrêts pendant deux jours.

Le Général de Brigade Chef de l'État-major général du Gouvernement de Paris et de la première Division militaire,

CÉSAR BERTHIER.

Pour copie conforme :

L'Adjudant-commandant, Sous-chef de l'État-major général du Gouvernement de Paris,

DOUCET.

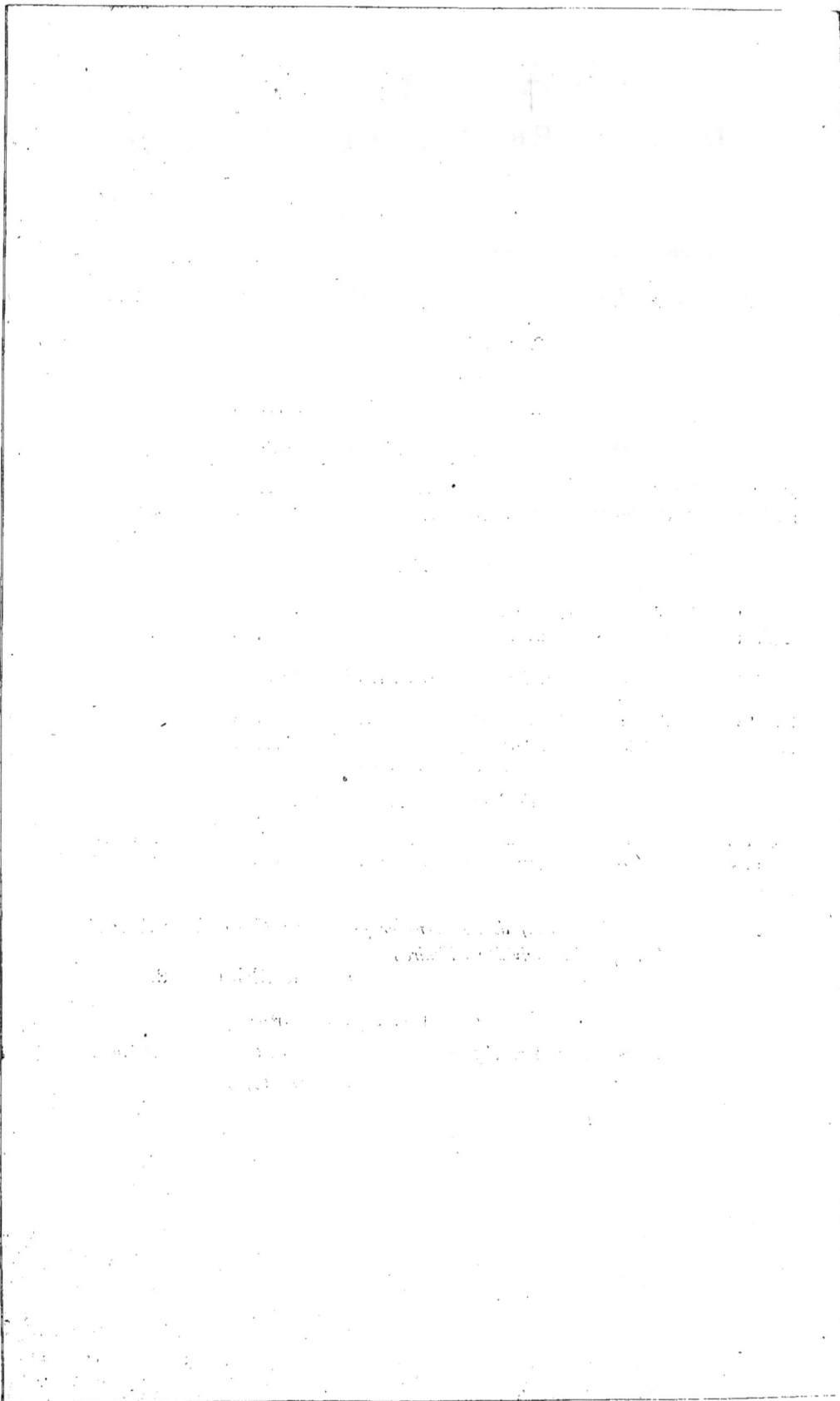

ÉTAT-MAJOR
DU GOUVERNEMENT DE PARIS.

ORDRE du 20 Vendémiaire an 14.

SERVICE DE L'ÉTAT-MAJOR DU GOUVERNEMENT DE PARIS.

Du 20 au 21 Vendémiaire.

Adjudant de Place de service à l'État-major........................ VIART.
Adjudant de Place de ronde de nuit.............................. GRAILLARD.

Visite aux Casernes, Prisons, Hôpital, et distribution de fourrages.

Rive droite de la Seine : le Capitaine-Adjudant de Place.............. GRAILLARD.
Rive gauche : le Lieutenant-Adjudant de Place..................... SANSON.

Du 21 au 22 Vendémiaire.

Adjudant de Place de service à l'État-major........................ CORDIEZ.
Adjudant de Place de ronde de nuit.............................. SANSON.

Visite aux Casernes, Prisons, Hôpital, et distribution de fourrages.

Rive droite de la Seine : le Lieutenant-Adjudant de Place.............. SANSON.
Rive gauche : le Capitaine-Adjudant de Place...................... VIART.

Rien de nouveau.

Le Général de Brigade Chef de l'État-major général du Gouvernement de Paris et de la première Division militaire ,

CÉSAR BERTHIER.

Pour copie conforme :

L'Adjudant-commandant , Sous-chef de l'État-major général du Gouvernement de Paris ,

DOUCET.

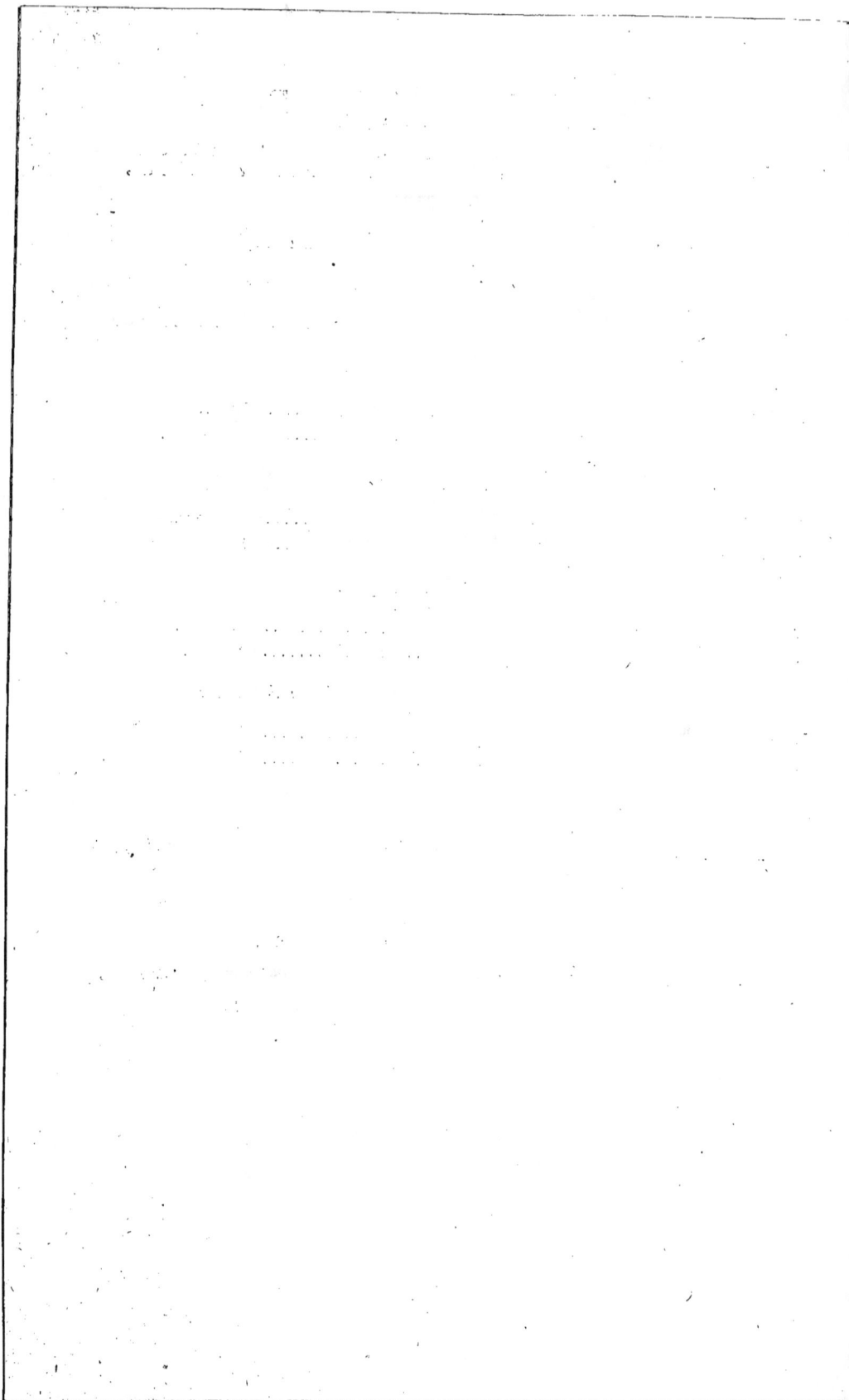

ÉTAT-MAJOR
DU GOUVERNEMENT DE PARIS.

ORDRE du 21 Vendémiaire an 14.

SERVICE DE L'ÉTAT-MAJOR DU GOUVERNEMENT DE PARIS.

Du 21 au 22 Vendémiaire.

Adjudant de Place de service à l'État-major........................ CORDIEZ.
Adjudant de Place de ronde de nuit............................... SANSON.

Visite aux Casernes, Prisons, Hôpital, et distribution de fourrages.

Rive droite de la Seine : le Lieutenant-Adjudant de Place.............. SANSON.
Rive gauche : le Capitaine-Adjudant de Place...................... VIART.

Du 22 au 23 Vendémiaire.

Adjudant de Place de service à l'État-major........................ CARON.
Adjudant de Place de ronde de nuit............................... VIART.

Visite aux Casernes, Prisons, Hôpital, et distribution de fourrages.

Rive droite de la Seine : le Capitaine-Adjudant de Place.............. VIART.
Rive gauche : le Capitaine-Adjudant de Place...................... CORDIEZ.

ORDRE GÉNÉRAL du 21 Vendémiaire an 14.

Il est défendu, sous la responsabilité personnelle des Chhefs de corps, de faire aucune retenue sur la solde des troupes, autre que celles autorisées par les lois et les réglemens militaires pour la masse de linge et chaussure.

Lorsque les besoins urgens d'un régiment nécessiteront une retenue extraordinaire sur la solde, la demande m'en sera faite par le Chef du corps : si l'avis de l'Inspecteur aux revues du corps est favorable, et si la nécessité m'en est bien démontrée, je l'autoriserai ; mais elle ne pourra avoir lieu que du jour où elle sera mise à l'ordre de la division ou du régiment.

Toutes les retenues qui pourraient exister dans les régimens de toute arme de la 1.re Division militaire, et qui ne sont pas prescrites par les réglemens militaires, cesseront d'avoir lieu à compter de ce jour ; le décompte en sera fait à chaque soldat, avant le 1.er brumaire.

Les Généraux sous les ordres desquels les corps se trouvent dans l'étendue de la 1.re Division militaire, sont chargés de l'exécution de cet Ordre, sous leur responsabilité.

Louis BONAPARTE.

Le Général de Brigade Chef de l'État-major général du Gouvernement de Paris et de la première Division militaire,

CÉSAR BERTHIER.

Pour copie conforme :

L'Adjudant-commandant, Sous-chef de l'État-major général du Gouvernement de Paris,

DOUCET.

ÉTAT-MAJOR
DU GOUVERNEMENT DE PARIS.

ORDRE du 22 Vendémiaire an 14.

SERVICE DE L'ÉTAT-MAJOR DU GOUVERNEMENT DE PARIS.

Du 22 au 23 Vendémiaire.

Adjudant de Place de service à l'État-major........................ CARON.
Adjudant de Place de ronde de nuit............................. VIART.

Visite aux Casernes, Prisons, Hôpital, et distribution de fourrages.

Rive droite de la Seine : le Capitaine-Adjudant de Place.............. VIART.
Rive gauche : le Capitaine-Adjudant de Place...................... CORDIEZ.

Du 23 au 24 Vendémiaire.

Adjudant de Place de service à l'État-major........................ VILLERS.
Adjudant de Place de ronde de nuit.............................. CORDIEZ.

Visite aux Casernes, Prisons, Hôpital, et distribution de fourrages.

Rive droite de la Seine : le Capitaine-Adjudant de Place........... .... CORDIEZ.
Rive gauche : le Capitaine-Adjudant de Place...................... CARON.

ORDRE GÉNÉRAL du 22 Vendémiaire an 14.

LES Troupes composant la garnison de Paris , et celles faisant partie de la 1.re Division militaire ; apprendront avec plaisir, que la grande armée, conduite par sa Majesté l'Empereur au centre de l'Allemagne , a tourné la droite de l'armée ennemie, a passé le Danube et le Lech, dans les journées des 15 et 16 vendémiaire , et s'est emparée, après deux heures de combat, d'une Division ennemie , composée de douze Bataillons de Grenadiers, de quatre Escadrons des Cuirassiers d'Albert; drapeaux , bagages, canons, rien n'est échappé.

Louis BONAPARTE.

Pour copie conforme:

Le Général de Brigade Chef de l'État-major général du Gouvernement de Paris et de la première Division militaire ,

CÉSAR BERTHIER.

Pour copie conforme :

L'Adjudant-commandant , Sous-chef de l'État-major général du Gouvernement de Paris;

DOUCET,

ÉTAT-MAJOR
DU GOUVERNEMENT DE PARIS.

ORDRE du 23 Vendémiaire an 14.

SERVICE DE L'ÉTAT-MAJOR DU GOUVERNEMENT DE PARIS.

Du 23 au 24 Vendémiaire.

Adjudant de Place de service à l'État-major......................... VILLERS.
Adjudant de Place de ronde de nuit............................... CORDIEZ.

Visite aux Casernes, Prisons, Hôpital, et distribution de fourrages.

Rive droite de la Seine : le Capitaine-Adjudant de Place.............. CORDIEZ.
Rive gauche : le Capitaine-Adjudant de Place....................... CARON.

Du 24 au 25 Vendémiaire.

Adjudant de Place de service à l'État-major......................... GRAILLARD.
Adjudant de Place de ronde de nuit............................... CARON.

Visite aux Casernes, Prisons, Hôpital, et distribution de fourrages.

Rive droite de la Seine : le Capitaine-Adjudant de Place.............. CARON.
Rive gauche : le Capitaine-Adjudant de Place....................... VILLERS.

ORDRE GÉNÉRAL du 23 Vendémiaire an 14.

La retenue de *quinze centimes,* qui s'exerce sur la solde des Sous-officiers et Soldats des régimens de la Garde municipale, pour masse de Linge et Chaussure, continuera à avoir lieu comme par le passé ; les Colonels auront soin cependant de se conformer à ce qui est prescrit, à cet égard, par les règlemens sur tous les Corps de l'armée.

Signé LOUIS BONAPARTE.

Pour copie conforme :

*Le Général de Brigade Chef de l'État-major général du Gouvernement de Paris
et de la première Division militaire,*

CÉSAR BERTHIER.

Pour copie conforme :

L'Adjudant-commandant, Sous-chef de l'État-major général du Gouvernement de Paris,

DOUCET.

ÉTAT-MAJOR
DU GOUVERNEMENT DE PARIS.

ORDRE du 24 Vendémiaire an 14.

SERVICE DE L'ÉTAT-MAJOR DU GOUVERNEMENT DE PARIS.

Du 24 au 25 Vendémiaire.

Adjudant de Place de service à l'État-major........................ GRAILLARD.
Adjudant de Place de ronde de nuit............................. CARON.

Visite aux Casernes, Prisons, Hôpital, et distribution de fourrages.

Rive droite de la Seine : le Capitaine-Adjudant de Place.............. CARON.
Rive gauche : le Capitaine-Adjudant de Place....................... VILLERS.

Du 25 au 26 Vendémiaire.

Adjudant de Place de service à l'État-major........................ SANSON.
Adjudant de Place de ronde de nuit............................. VILLERS.

Visite aux Casernes, Prisons, Hôpital, et distribution de fourrages.

Rive droite de la Seine : le Capitaine-Adjudant de Place............. VILLERS.
Rive gauche : le Capitaine-Adjudant de Place....................... GRAILLARD.

Rien de nouveau.

Le Général de Brigade Chef de l'État-major général du Gouvernement de Paris et de la première Division militaire ,

CÉSAR BERTHIER.

Pour copie conforme :

L'Adjudant-commandant , Sous-chef de l'État-major général du Gouvernement de Paris ,

DOUCET.

ÉTAT-MAJOR
DU GOUVERNEMENT DE PARIS.

ORDRE du 25 Vendémiaire an 14.

SERVICE DE L'ÉTAT-MAJOR DU GOUVERNEMENT DE PARIS.

Du 25 au 26 Vendémiaire.

Adjudant de Place de service à l'État-major........................ SANSON.
Adjudant de Place de ronde de nuit.............................. VILLERS.

Visite aux Casernes, Prisons, Hôpital, et distribution de fourrages.

Rive droite de la Seine : le Capitaine-Adjudant de Place............... VILLERS.
Rive gauche : le Capitaine-Adjudant de Place...................... GRAILLARD.

Du 26 au 27 Vendémiaire.

Adjudant de Place de service à l'État-major........................ VIART.
Adjudant de Place de ronde de nuit.............................. GRAILLARD.

Visite aux Casernes, Prisons, Hôpital, et distribution de fourrages.

Rive droite de la Seine : le Capitaine-Adjudant de Place.............. GRAILLARD.
Rive gauche : le Lieutenant-Adjudant de Place .... SANSON.

Rién de nouveau.

Le Général de Brigade Chef de l'État-major général du Gouvernement de Paris
et de la première Division militaire,

CÉSAR BERTHIER.

Pour copie conforme :

L'Adjudant-commandant, Sous-chef de l'État-major général du Gouvernement de Paris,

DOUCET.

ÉTAT-MAJOR
DU GOUVERNEMENT DE PARIS.

ORDRE du 26 Vendémiaire an 14.

SERVICE DE L'ÉTAT-MAJOR DU GOUVERNEMENT DE PARIS.

Du 26 au 27 Vendémiaire.

Adjudant de Place de service à l'État-major........................ VIART.
Adjudant de Place de ronde de nuit............................... GRAILLARD.

Visite aux Casernes, Prisons, Hôpital, et distribution de fourrages.

Rive droite de la Seine : le Capitaine-Adjudant de Place.............. GRAILLARD.
Rive gauche : le Lieutenant-Adjudant de Place...................... SANSON.

Du 27 au 28 Vendémiaire.

Adjudant de Place de service à l'État-major........................ COTEAU.
Adjudant de Place de ronde de nuit............................... SANSON.

Visite aux Casernes, Prisons, Hôpital, et distribution de fourrages.

Rive droite de la Seine : le Lieutenant-Adjudant de Place.............. SANSON.
Rive gauche : le Capitaine-Adjudant de Place....................... VIART.

Rien de nouveau.

*Le Général de Brigade Chef de l'État-major général du Gouvernement de Paris
et de la première Division militaire ,*

CÉSAR BERTHIER.

Pour copie conforme :

L'Adjudant-commandant , Sous-chef de l'État-major général du Gouvernement de Paris,

DOUCET.

ÉTAT-MAJOR
DU GOUVERNEMENT DE PARIS.

ORDRE du 28 Vendémiaire ,an 14.

Du 28 au 29 Vendémiaire.

Adjudant de Place de service à l'État-major........................ CARON.
Adjudant de Place de ronde de nuit............................... VIART.

Visite aux Casernes, Prisons, Hôpital, et distribution de fourrages.

Rive droite de la Seine : le Capitaine-Adjudant de Place.............. VIART.
Rive gauche : le Capitaine-Adjudant de Place....................... COTEAU.

Du 29 au 30 Vendémiaire.

Adjudant de Place de service à l'État-major........................ VILLERS.
Adjudant de Place de ronde de nuit............................... COTEAU.

Visite aux Casernes, Prisons, Hôpital, et distribution de fourrages.

Rive droite de la Seine : le Capitaine-Adjudant de Place.............. COTEAU.
Rive gauche : le Capitaine-Adjudant de Place....................... CARON.

Rien de nouveau.

Le Général de Brigade Chef de l'État-major général du Gouvernement de Paris et de la première Division militaire ,

CÉSAR BERTHIER.

Pour copie conforme :

L'Adjudant-commandant , Sous-chef de l'État-major général du Gouvernement de Paris,

DOUCET.

ÉTAT-MAJOR

DU GOUVERNEMENT DE PARIS.

ORDRE du 29 Vendémiaire an 14.

SERVICE DE L'ÉTAT-MAJOR DU GOUVERNEMENT DE PARIS.

Du 29 au 30 Vendémiaire.

Adjudant de Place de service à l'État-major......................... VILLERS.
Adjudant de Place de ronde de nuit................................ COTEAU.

Visite aux Casernes, Prisons, Hôpital, et distribution de fourrages.

Rive droite de la Seine : le Capitaine-Adjudant de Place............... COTEAU.
Rive gauche : le Capitaine-Adjudant de Place........................ CARON.

Du 30 Vendémiaire au 1.ᵉʳ Brumaire.

Adjudant de Place de service à l'État-major......................... GRAILLARD.
Adjudant de Place de ronde de nuit................................ CARON.

Visite aux Casernes, Prisons, Hôpital, et distribution de fourrages.

Rive droite de la Seine : le Capitaine-Adjudant de Place.............. CARON.
Rive gauche : le Capitaine-Adjudant de Place .... VILLERS.

Rien de nouveau.

Le Général de Brigade Chef de l'État-major général du Gouvernement de Paris et de la première Division militaire ,

CÉSAR BERTHIER.

Pour copie conforme :

L'Adjudant-commandant , Sous-chef de l'État-major général du Gouvernement de Paris ,

DOUCET.

ÉTAT-MAJOR
DU GOUVERNEMENT DE PARIS.

ORDRE du 30 Vendémiaire au 1.er Brumaire an 14.

SERVICE DE L'ÉTAT-MAJOR DU GOUVERNEMENT DE PARIS.

Du 30 Vendémiaire au 1.er Brumaire.

Adjudant de Place de service à l'État-major........................ GRAILLARD.
Adjudant de Place de ronde de nuit............................. CARON.

Visite aux Casernes, Prisons, Hôpital, et distribution de fourrages.

Rive droite de la Seine : le Capitaine-Adjudant de Place.............. CARON.
Rive gauche : le Capitaine-Adjudant de Place........................ VILLERS.

Du 1.er au 2 Brumaire.

Adjudant de Place de service à l'État-major........................ SANSON.
Adjudant de Place de ronde de nuit............................. VILLERS.

Visite aux Casernes, Prisons, Hôpital, et distribution de fourrages.

Rive droite de la Seine : le Capitaine-Adjudant de Place.............. VILLERS.
Rive gauche : le Capitaine-Adjudant de Place........................ GRAILLARD.

Rien de nouveau.

Le Général de Brigade Chef de l'État-major général du Gouvernement de Paris et de la première Division militaire.

CÉSAR BERTHIER.

Pour copie conforme :

L'Adjudant-commandant, Sous-chef de l'État-major général du Gouvernement de Paris,

DOUCET.

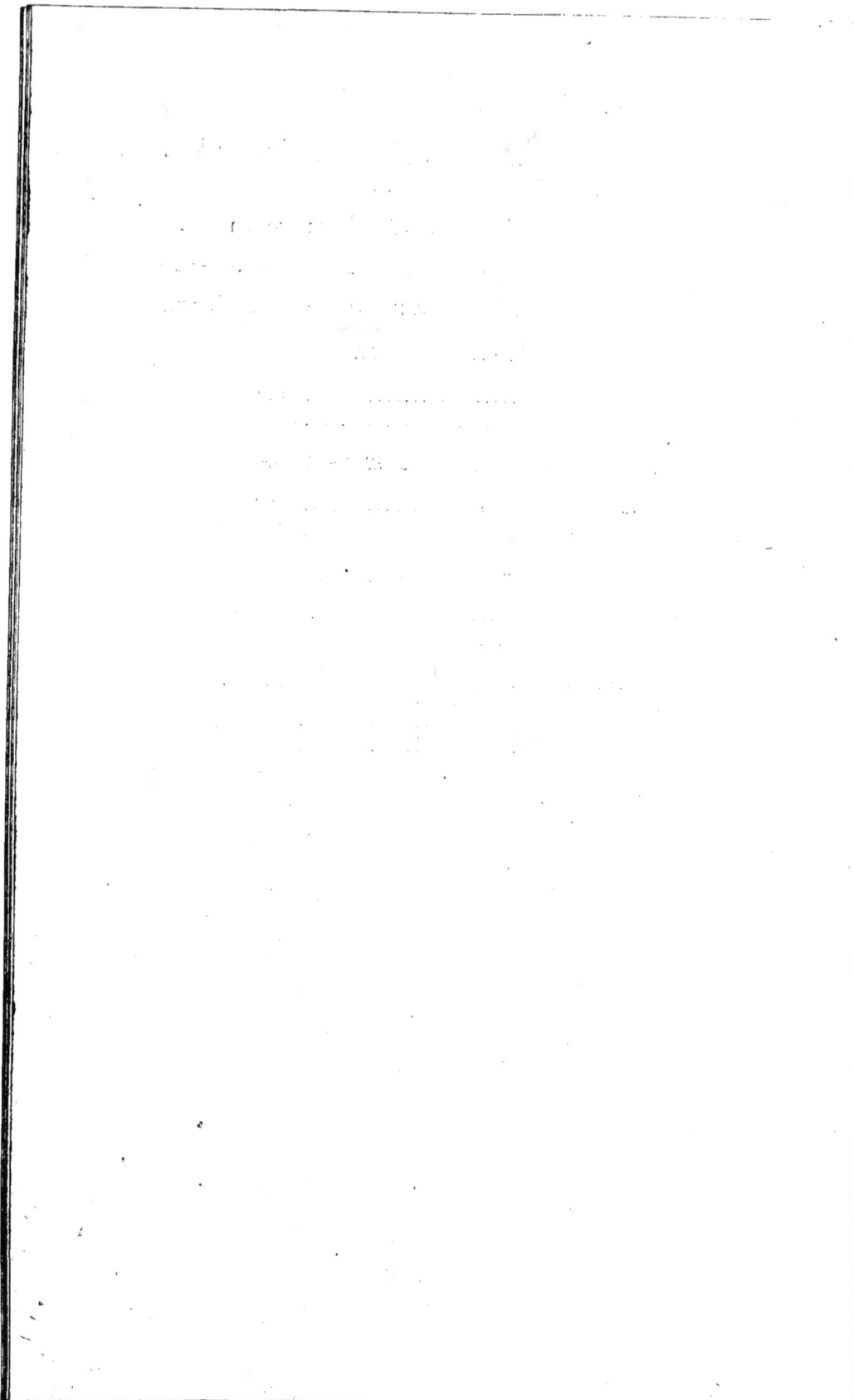

ÉTAT-MAJOR
DU GOUVERNEMENT DE PARIS.

ORDRE du 1.ᵉʳ Brumaire an 14.

SERVICE DE L'ÉTAT-MAJOR DU GOUVERNEMENT DE PARIS.

Du 1.ᵉʳ au 2 Brumaire.

Adjudant de Place de service à l'État-major........................ SANSON.
Adjudant de Place de ronde de nuit............................. VILLERS.

Visite aux Casernes, Prisons, Hôpital, et distribution de fourrages.

Rive droite de la Seine : le Capitaine-Adjudant de Place............... VILLERS.
Rive gauche : le Capitaine-Adjudant de Place....................... GRAILLARD.

Du 2 au 3 Brumaire.

Adjudant de Place de service à l'État-major........................ VIART.
Adjudant de Place de ronde de nuit............................. GRAILLARD.

Visite aux Casernes, Prisons, Hôpital, et distribution de fourrages.

Rive droite de la Seine : le Capitaine-Adjudant de Place.............. GRAILLARD.
Rive gauche : le Lieutenant-Adjudant de Place...................... SANSON.

Rien de nouveau.

Le Général de Brigade Chef de l'État-major général du Gouvernement de Paris
et de la première Division militaire,

CÉSAR BERTHIER.

Pour copie conforme :

L'Adjudant-commandant, Sous-chef de l'État-major général du Gouvernement de Paris,

DOUCET.

ÉTAT-MAJOR
DE LA GARNISON DE PARIS.

ORDRE du 2 Brumaire an 14.

SERVICE DE L'ÉTAT-MAJOR DE LA GARNISON DE PARIS.

Du 2 au 3 Brumaire.

Adjudant de Place de service à l'État-major......................... VIART.
Adjudant de Place de ronde de nuit................................ GRAILLARD.

Visite aux Casernes, Prisons, Hôpital, et distribution de fourrages.

Rive droite de la Seine : le Capitaine-Adjudant de Place.............. GRAILLARD.
Rive gauche : le Lieutenant-Adjudant de Place...................... SANSON.

Du 3 au 4 Brumaire.

Adjudant de Place de service à l'État-major......................... COTEAU.
Adjudant de Place de ronde de nuit................................ SANSON.

Visite aux Casernes, Prisons, Hôpital, et distribution de fourrages.

Rive droite de la Seine : le Lieutenant-Adjudant de Place.............. SANSON.
Rive gauche : le Capitaine-Adjudant de Place....................... VIART.

ORDRE GÉNÉRAL.

SOLDATS!

S. M. l'Empereur a défait entièrement les ennemis.

Le 15 et le 16 vendémiaire, leur droite fut tournée ; ils cherchèrent vainement à échapper à l'armée française : retenus entre le Danube et le Tyrol, ils n'ont pu forcer aucune de ces barrières.

Du 16 au 20, leur ligne de l'Iler a été coupée ; Memminghen, Ulm, ont été prises. L'armée autrichienne, rassemblée sur cette importante position, a été complètement battue et forcée à se rendre.

Enfin, dix jours après l'ouverture de la campagne, l'armée ennemie est détruite, la Bavière évacuée, toute l'artillerie, vingt-cinq généraux, plus de cinquante mille hommes, tous les bagages, sont au pouvoir de l'Empereur.

Soldats ! redoublons de zèle pour nous mettre promptement en état d'entrer en campagne, et espérons, pour prix de nos soins, que nous serons appelés bientôt à partager les travaux et la gloire de ceux qui ont le bonheur de combattre et de vaincre sous les yeux de sa Majesté.

Signé LOUIS BONAPARTE.

Pour copie conforme :

Le Général de Division commandant les troupes de la Garnison de Paris,

BROUSSIER.

L'Adjudant-commandant, Chef de l'État-major,

DOUCET.

ÉTAT-MAJOR
DE LA GARNISON DE PARIS.

ORDRE du 3 Brumaire an 14.

Du 3 au 4 Brumaire.

Adjudant de Place de service à l'État-major......................... COTEAU.

Adjudant de Place de ronde de nuit............................... SANSON.

Visite aux Casernes, Prisons, Hôpital, et distribution de fourrages.

Rive droite de la Seine : le Lieutenant-Adjudant de Place.............. SANSON.

Rive gauche : le Capitaine-Adjudant de Place........................ VIART.

Du 4 au 5 Brumaire.

Adjudant de Place de service à l'État-major......................... CORDIEZ.

Adjudant de Place de ronde de nuit............................... VIART.

Visite aux Casernes, Prisons, Hôpital, et distribution de fourrages.

Rive droite de la Seine : le Capitaine-Adjudant de Place.............. VIART.

Rive gauche : le Capitaine-Adjudant de Place....................... COTEAU.

Rien de nouveau.

Le Général de Division commandant les troupes de la Garnison de Paris,

BROUSSIER.

Pour copie conforme :

L'Adjudant-commandant, Chef de l'État-major,

DOUCET.

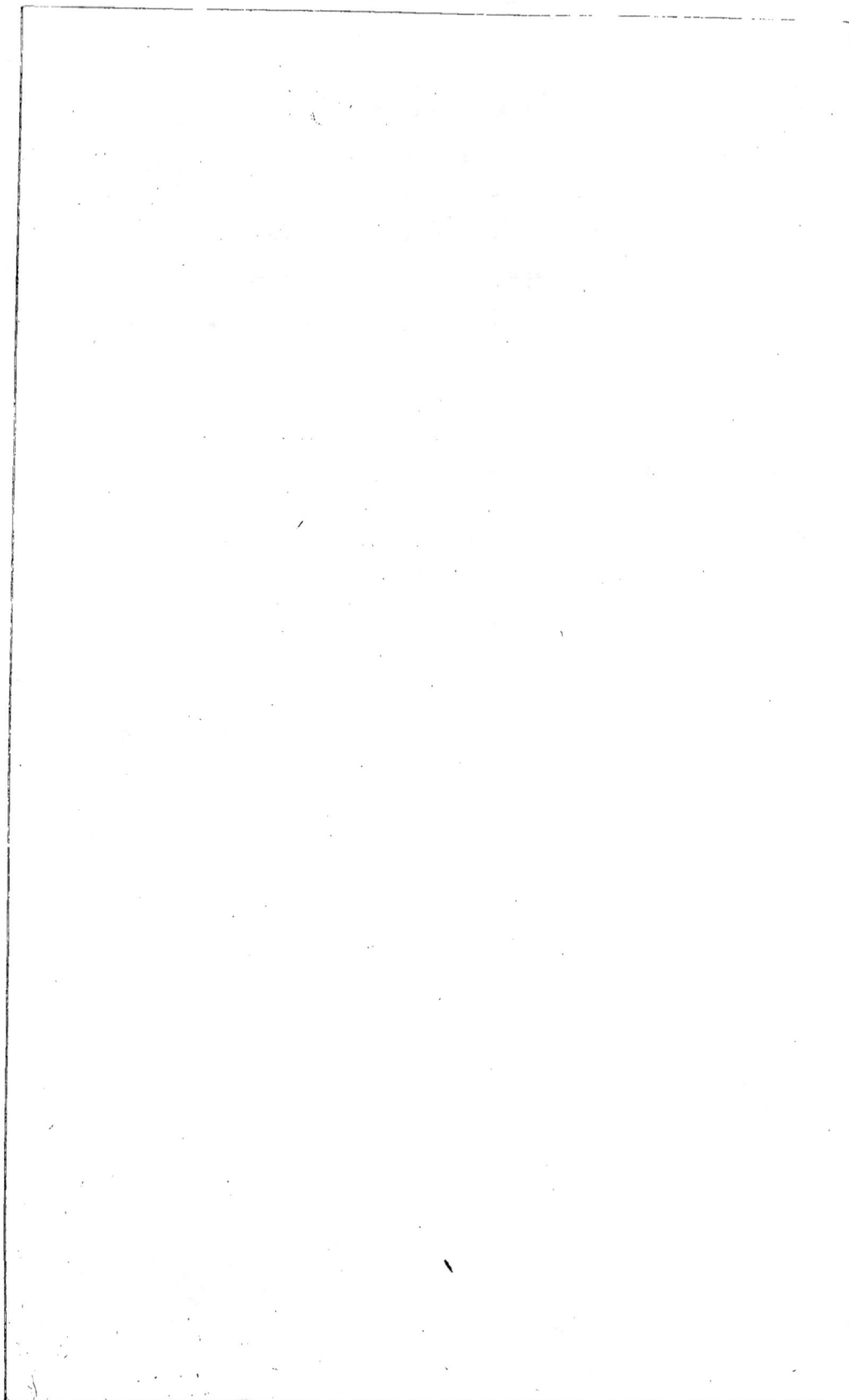

ÉTAT-MAJOR
DE LA GARNISON DE PARIS.

ORDRE du 4 Brumaire an 14.

Du 4 au 5 Brumaire.

Adjudant de Place de service à l'État-major......................... CORDIEZ.
Adjudant de Place de ronde de nuit............................... VIART.

Visite aux Casernes, Prisons, Hôpital, et distribution de fourrages.

Rive droite de la Seine : le Capitaine-Adjudant de Place.............. VIART.
Rive gauche : le Capitaine-Adjudant de Place...................... COTEAU.

Du 5 au 6 Brumaire.

Adjudant de Place de service à l'État-major......................... VILLERS.
Adjudant de Place de ronde de nuit............................... COTEAU.

Visite aux Casernes, Prisons, Hôpital, et distribution de fourrages.

Rive droite de la Seine : le Capitaine-Adjudant de Place.............. COTEAU.
Rive gauche : le Capitaine-Adjudant de Place...................... CORDIEZ.

ORDRE GÉNÉRAL.

La convocation des Conseils spéciaux relatifs à la désertion n'aura lieu que d'après mon ordre, ainsi que la nomination des membres. Les plaintes me seront adressées directement.

Louis BONAPARTE.

Le Général de Division commandant les troupes de la Garnison de Paris,
BROUSSIER.

Pour copie conforme :

L'Adjudant-commandant, Chef de l'État-major,
DOUCET.

ÉTAT-MAJOR
DE LA GARNISON DE PARIS.

ORDRE du 5 Brumaire an 14.

SERVICE DE L'ÉTAT-MAJOR DE LA GARNISON DE PARIS.

Du 5 au 6 Brumaire.

Adjudant de Place de service à l'État-major........................ VILLERS.

Adjudant de Place de ronde de nuit............................... COTEAU.

Visite aux Casernes, Prisons, Hôpital, et distribution de fourrages.

Rive droite de la Seine : le Capitaine-Adjudant de Place............... COTEAU.

Rive gauche : le Capitaine-Adjudant de Place........................ CORDIEZ.

Du 6 au 7 Brumaire.

Adjudant de Place de service à l'État-major........................ GRAILLARD.

Adjudant de Place de ronde de nuit............................... CORDIEZ.

Visite aux Casernes, Prisons, Hôpital, et distribution de fourrages.

Rive droite de la Seine : le Capitaine-Adjudant de Place.............. CORDIEZ.

Rive gauche : le Capitaine-Adjudant de Place .... VILLERS.

ORDRE GÉNÉRAL.

SOLDATS,

Vous apprendrez avec plaisir les détails contenus dans le neuvième bulletin.

Vous y verrez la proclamation et les décrets par lesquels S. M. l'Empereur et Roi témoigne d'une manière glorieuse et solennelle sa bienveillance et son estime aux braves qui l'ont suivi.

Que rien ne trouble notre joie, soldats ; nous aurons aussi notre tour, et peut-être qu'un jour ces Russes, amenés à grands frais des bords de la mer Glaciale, nous verrons marcher à eux dans les rangs de la grande armée, d'une manière digne de notre Empereur et de nos camarades.

Signé LOUIS BONAPARTE.

Pour copie conforme :

Le Général Chef de l'État-major général, signé CÉSAR BERTHIER.

9.ᵉ BULLETIN DE LA GRANDE ARMÉE.

Elchingen, le 29 Vendémiaire an 14 [21 Octobre 1805].

L'EMPEREUR vient de faire la proclamation ci-jointe aux soldats, et de rendre les décrets ci-joints.

A midi, S. M. est partie pour Augsbourg. On a enfin le compte de l'armée renfermée dans Ulm ; elle se monte à 33,000 hommes ; ce qui, avec 3,000 blessés, fait 36,000 hommes. Il y a 60 pièces de canon avec leur approvisionnement, et 50 drapeaux.

Rien ne fait contraste comme l'esprit de l'armée française et celui de l'armée autrichienne. Dans l'armée française l'héroïsme est porté au dernier point ; dans l'armée autrichienne le découragement est à son comble. Le soldat est payé avec des cartes, il ne peut rien envoyer chez lui, et est très-maltraité. On pourrait citer un millier de traits comme le suivant. *Brard,* soldat du 76.ᵉ, allait être amputé de la cuisse, il avait la mort dans l'ame ; au moment où le chirurgien allait faire l'opération, il s'arrête : « Je sais » que je n'y survivrai pas ; mais n'importe : un homme de moins n'empêchera pas le 76.ᵉ de marcher, la » baïonnette en avant et sur trois rangs, à l'ennemi. »

L'Empereur n'a à se plaindre que du trop d'impétuosité des soldats. C'est ainsi que le 17.º d'infanterie légère, arrivé devant Ulm, se précipite dans la place ; c'est ainsi que, pendant la capitulation, toute l'armée voulait monter à l'assaut, et l'Empereur fut obligé de déclarer nettement qu'il ne voulait pas d'assaut.

La première colonne des prisonniers faits dans Ulm part dans ce moment pour la France.

Voici le compte de nos prisonniers : 10,000 dans Augsbourg, 33,000 dans Ulm, 12,000 à Donawerth, et 12,000 qui sont déjà passés. L'Empereur dit, dans sa proclamation, que nous avons fait 60,000 prisonniers ; il est probable qu'il y en aura davantage. Il porte le nombre des drapeaux pris à 90, et vraisemblablement il sera plus considérable.

L'Empereur a dit aux généraux autrichiens qu'il avait appelés près de lui pendant que l'armée ennemie défilait : « Messieurs, votre maître me fait une guerre injuste ; je vous le dis franchement, je ne sais » point pourquoi je me bats ; je ne sais ce que l'on veut de moi.

» Ce n'est pas dans cette seule armée que consistent mes ressources. Cela serait-il vrai, mon armée et » moi ferions bien du chemin ; mais j'en appelle au rapport de vos propres prisonniers, qui vont bientôt » traverser la France ; ils verront de quelle manière mon peuple se remuera, et avec quel empressement » il viendra se ranger sous mes drapeaux. Voilà l'avantage de ma nation et de ma position. Avec un mot, » 200,000 hommes de bonne volonté accourront près de moi, et en six semaines, seront de bons » soldats ; au lieu que vos recrues ne marcheront que par force, et ne seront formées qu'après plusieurs » années.

» Je donne encore un conseil à mon frère l'Empereur d'Allemagne ; qu'il se hâte de faire la paix ; il » est temps de se souvenir que tous les empires ont un terme ; et l'idée que la fin de la dynastie de la » maison de Lorraine serait arrivée, doit l'effrayer. Je ne veux rien sur le continent, c'est des vaisseaux, » des colonies, du commerce que je veux ; et cela vous est avantageux comme à nous. » M. *Mack* a répondu que l'Empereur d'Allemagne n'aurait pas voulu la guerre ; mais qu'il y a été forcé par la Russie. « En ce cas, a répondu l'Empereur, vous n'êtes donc plus une puissance. »

Du reste, la plupart des officiers généraux ont témoigné combien cette guerre leur était désagréable, et avec quelle peine ils voyaient une armée russe au milieu d'eux.

Ils blâmaient cette politique aveugle, d'avoir amené au cœur de l'Europe un peuple accoutumé à vivre dans un pays inculte et agreste, et qui, comme ses ancêtres, pourrait bien avoir la fantaisie de s'établir dans de plus beaux climats.

L'Empereur a accueilli avec beaucoup de grâce le lieutenant général *Klenau*, qu'il avait connu commandant le régiment de Vurmser ; les lieutenans généraux *Ginlay*, *Gottesheim*, *Ries*, les princes de *Lichtenstein*, &c.

Il les a consolés de leur malheur, leur a dit que la guerre avait ses chances, et qu'ayant été souvent vainqueurs, ils pouvaient être quelquefois vaincus.

Au Quartier général impérial d'Elchingen, le 29 Vendémiaire an 14.

SOLDATS DE LA GRANDE ARMÉE,

EN quinze jours nous avons fait une campagne. Ce que nous nous proposions est rempli. Nous avons chassé la maison d'Autriche de la Bavière, et rétabli notre allié dans la souveraineté de ses états. Cette armée qui, avec autant d'ostentation que d'imprudence, était venue se placer sur nos frontières, est anéantie. Mais qu'importe à l'Angleterre ! son but est rempli ; nous ne sommes plus à Boulogne, et son subside ne sera ni plus ni moins grand.

De cent mille hommes qui composaient cette armée, 60,000 sont prisonniers ; ils iront remplacer nos conscrits dans les travaux de nos campagnes : 200 pièces de canon, tout le parc, 90 drapeaux, tous les généraux, sont en notre pouvoir ; il ne s'est pas échappé de cette armée 15,000 hommes. Soldats, je vous avais annoncé une grande bataille ; mais, grâces aux mauvaises combinaisons de l'ennemi, j'ai pu obtenir les mêmes succès sans courir aucune chance, et, ce qui est sans exemple dans l'histoire des nations, un aussi grand résultat ne nous affaiblit pas de plus de 1,500 hommes hors de combat.

Soldats, ce succès est dû à votre confiance sans bornes dans votre Empereur, à votre patience à supporter les fatigues et les privations de toute espèce, à votre rare intrépidité.

Mais nous ne nous arrêterons pas là : vous êtes impatiens de commencer une seconde campagne. Cette armée russe, que l'or de l'Angleterre a transportée des extrémités de l'univers, nous allons lui faire éprouver le même sort.

A ce combat est attaché plus spécialement l'honneur de l'infanterie : c'est là que va se décider, pour la seconde fois, cette question, qui l'a déjà été en Suisse et en Hollande : si l'infanterie française est la seconde ou la première de l'Europe ! Il n'y a point là de généraux contre lesquels je puisse avoir de la gloire à acquérir ; tout mon soin sera d'obtenir la victoire avec le moins d'effusion de sang possible. MES SOLDATS SONT MES ENFANS.

(3)

De mon camp impérial d'Elchingen, le 29 Vendémiaire an 14.

NAPOLÉON, Empereur des Français et Roi d'Italie;

Considérant que la grande armée a obtenue par son courage et son dévouement, des résultats qui ne devaient être espérés qu'après une campagne ;

Et voulant lui donner une preuve de notre satisfaction impériale,

Avons Décrété et Décrétons ce qui suit :

Art. I.er Le mois de vendémiaire de l'an 14 sera compté comme une campagne à tous les individus composant la grande armée.

Ce mois sera porté comme tel sur les états pour l'évaluation des pensions et pour les services militaires.

II. Nos Ministres de la guerre et du trésor public sont chargés de l'exécution du présent décret.

Signé NAPOLÉON.

Par l'Empereur :

Le Ministre-secrétaire d'état, signé HUGUES B. MARET.

De mon camp impérial d'Elchingen, le 29 Vendémiaire an 14.

NAPOLÉON, Empereur des Français et Roi d'Italie;

Avons Décrété et Décrétons ce qui suit :

Art. I.er Il sera pris possession de tous les États de Souabe de la maison d'Autriche.

II. Les contributions de guerre qui y seront levées, ainsi que les contributions ordinaires, seront toutes au profit de l'armée. Tous les magasins qui seraient pris à l'ennemi, seront également à son profit, autres que les magasins d'artillerie et de subsistances.

Chacun aura une part dans ces contributions, proportionnée à ses appointemens.

III. Les contributions particulières qui auraient été levées, ou les objets qui auraient été tirés des magasins de l'ennemi, seront restitués à la masse générale, personne ne devant profiter du droit de la guerre pour faire tort à la masse générale de l'armée.

IV. Il sera incessamment nommé un trésorier et un directeur général, qui rendront compte, chaque mois, à un conseil d'administration de l'armée, des contributions qui auront été levées. L'état en sera imprimé avec la répartition.

V. La solde sera exactement payée sur les fonds de notre trésor impérial.

VI. Notre Ministre de la guerre est chargé de l'exécution du présent décret.

Signé NAPOLÉON.

Par l'Empereur :

Le Ministre-secrétaire d'état, signé HUGUES B. MARET

Pour copie conforme :

Le Général de Brigade Chef de l'État-major général du Gouvernement de Paris et de la première Division militaire, CÉSAR BERTHIER.

Pour copie conforme :

Le Général de Division commandant les troupes de la Garnison de Paris,

BROUSSIER.

L'Adjudant-commandant, Chef de l'État-major,

DOUCET.

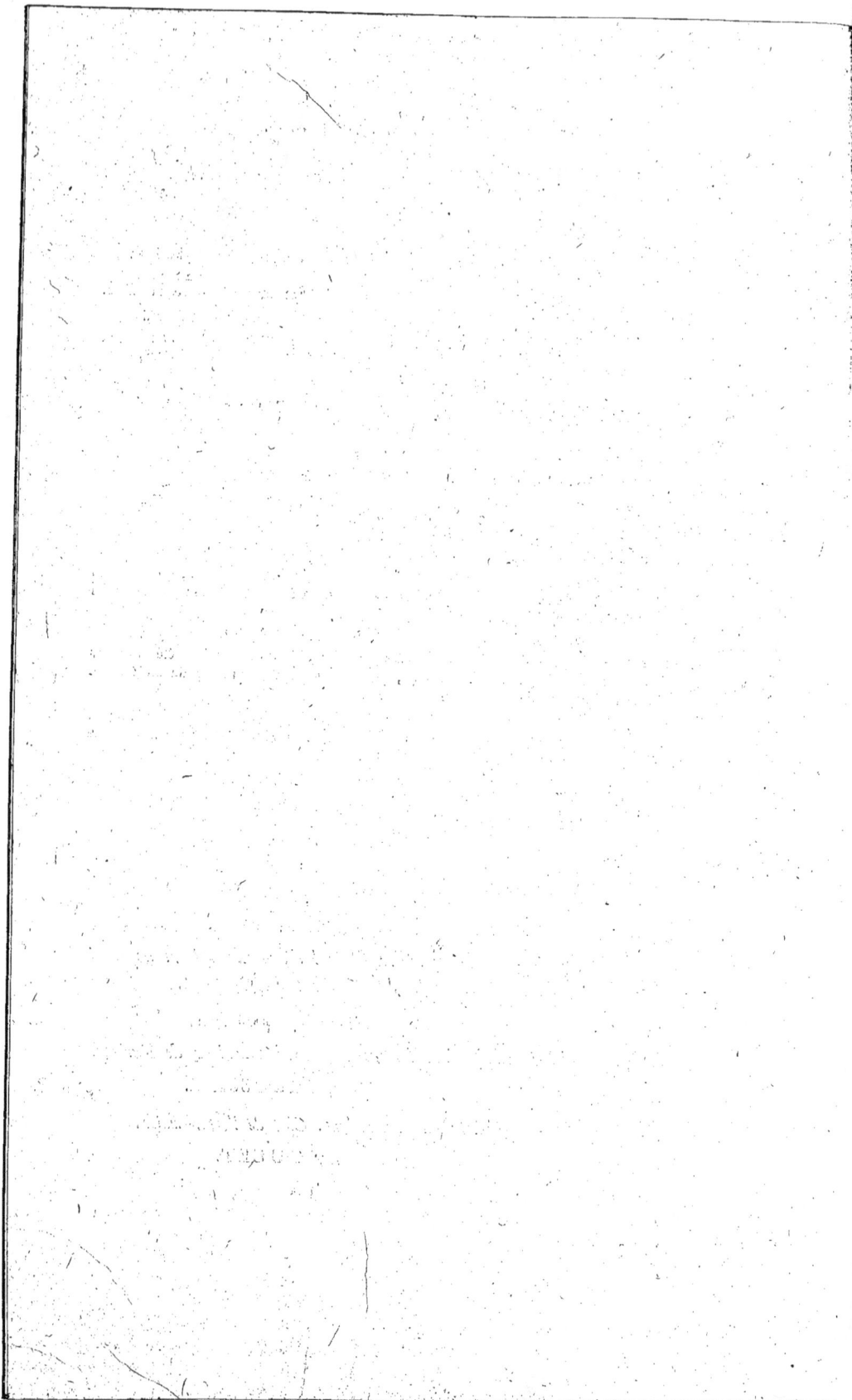

ÉTAT-MAJOR
DE LA GARNISON DE PARIS.

ORDRE du 6 Brumaire an 14.

SERVICE DE L'ÉTAT-MAJOR DE LA GARNISON DE PARIS.

Du 6 au 7 Brumaire.

Adjudant de Place de service à l'État-major......................... GRAILLARD.

Adjudant de Place de ronde de nuit............................... CORDIEZ.

Visite aux Casernes, Prisons, Hôpital, et distribution de fourrages.

Rive droite de la Seine : le Capitaine-Adjudant de Place............... CORDIEZ.

Rive gauche : le Capitaine-Adjudant de Place......................... VILLERS.

Du 7 au 8 Brumaire.

Adjudant de Place de service à l'État-major......................... SANSON.

Adjudant de Place de ronde de nuit............................... VILLERS.

Visite aux Casernes, Prisons, Hôpital, et distribution de fourrages.

Rive droite de la Seine : le Capitaine-Adjudant de Place.............. VILLERS.

Rive gauche : le Capitaine-Adjudant de Place...................... GRAILLARD.

Rien de nouveau.

Le Général de Division commandant les troupes de la Garnison de Paris,

BROUSSIER.

Pour copie conforme :

L'Adjudant-commandant, Chef de l'État-major,

DOUCET.

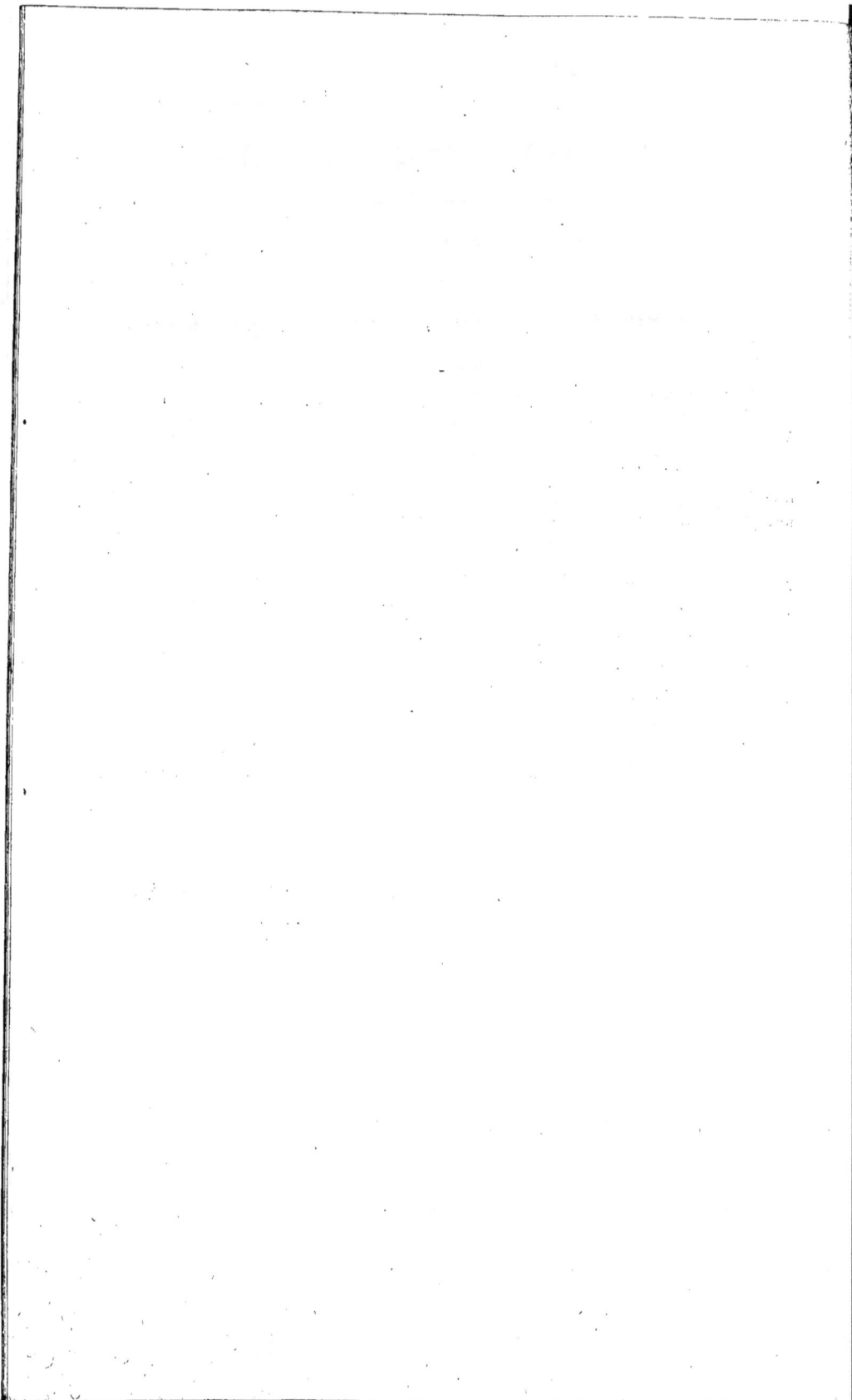

ÉTAT-MAJOR

DE LA GARNISON DE PARIS.

ORDRE du 7 Brumaire an 14.

SERVICE DE L'ÉTAT-MAJOR DE LA GARNISON DE PARIS.

Du 7 au 8 Brmaire.

Adjudant de Place de service à l'État-major........................ SANSON.
Adjudant de Place de ronde de nuit............................. VILLERS.

Visite aux Casernes, Prisons, Hôpital, et distribution de fourrages.

Rive droite de la Seine : le Capitaine-Adjudant de Place.............. VILLERS.
Rive gauche : le Capitaine-Adjudant de Place .... GRAILLARD.

Du 8 au 9 Brumaire.

Adjudant de Place de service à l'État-major........................ VIART.
Adjudant de Place de ronde de nuit.............................. GRAILLARD.

Visite aux Casernes, Prisons, Hôpital, et distribution de fourrages.

Rive droite de la Seine : le Capitaine-Adjudant de Place............... GRAILLARD.
Rive gauche : le Lieutenant-Adjudant de Place .... SANSON.

Rien de nouveau.

Le Général de Division commandant les troupes de la Garnison de Paris,
BROUSSIER.

Pour copie conforme :
L'Adjudant-commandant, Chef de l'État-major,
DOUCET.

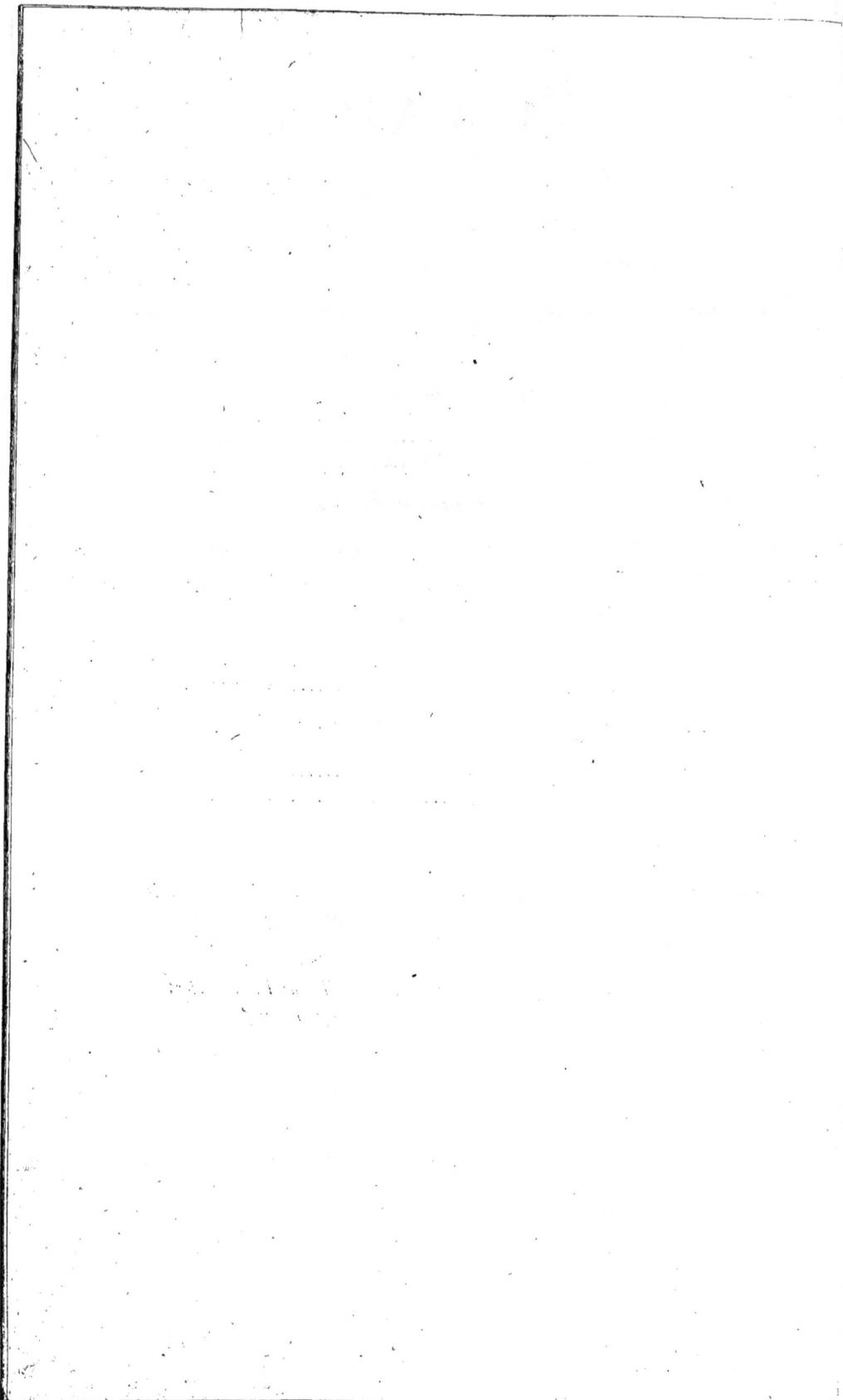

ÉTAT-MAJOR
DE LA GARNISON DE PARIS.

ORDRE du 8 Brumaire an 14.

SERVICE DE L'ÉTAT-MAJOR DE LA GARNISON DE PARIS.

Du 8 au 9 Brumaire.

Adjudant de Place de service à l'État-major......................... VIART.
Adjudant de Place de ronde de nuit.............................. GRAILLARD.

Visite aux Casernes, Prisons, Hôpital, et distribution de fourrages.

Rive droite de la Seine : le Capitaine-Adjudant de Place............... GRAILLARD.
Rive gauche : le Lieutenant-Adjudant de Place...................... SANSON.

Du 9 au 10 Brmaire.

Adjudant de Place de service à l'État-major......................... COTEAU.
Adjudant de Place de ronde de nuit.............................. SANSON.

Visite aux Casernes, Prisons, Hôpital, et distribution de fourrages.

Rive droite de la Seine : le Lieutenant-Adjudant de Place............. SANSON.
Rive gauche : e Capitaine-Adjudant de Place...................... VIART.

Rien de nouveau.

Le Général de Division commandant les troupes de la Garnison de Paris,
BROUSSIER.

Pour copie conforme :
L'Adjudant-commandant, Chef de l'État-major,
DOUCET.

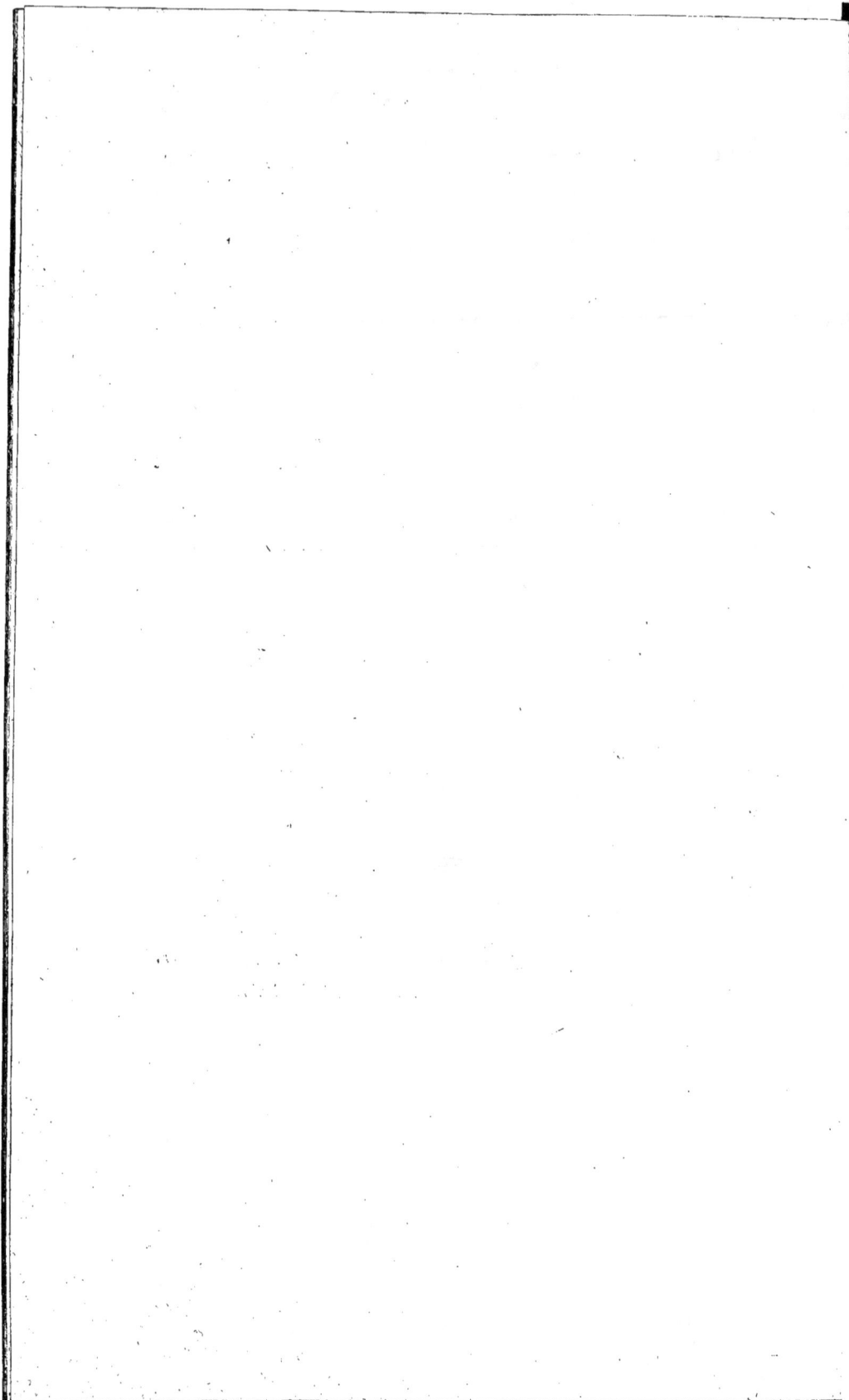

ÉTAT-MAJOR
DE LA GARNISON DE PARIS.

ORDRE du 9 Brumaire an 14.

SERVICE DE L'ÉTAT-MAJOR DE LA GARNISON DE PARIS.

Du 9 au 10 Brumaire.

Adjudant de Place de service à l'État-major......................... COTEAU.
Adjudant de Place de ronde de nuit.............................. SANSON.

Visite aux Casernes, Prisons, Hôpital, et distribution de fourrages.

Rive droite de la Seine : le Lieutenant-Adjudant de Place............. SANSON.
Rive gauche ; le Capitaine-Adjudant de Place....................... VIART.

Du 10 au 11 Brumaire.

Adjudant de Place de service à l'État-major........................ CORDIEZ.
Adjudant de Place de ronde de nuit............................... VIART.

Visite aux Casernes, Prisons, Hôpital, et distribution de fourrages.

Rive droite de la Seine : le Capitaine-Adjudant de Place............... VIART.
Rive gauche : le Capitaine-Adjudant de Place....................... COTEAU.

Rien de nouveau.

Le Général de Division commandant les troupes de la Garnison de Paris,
BROUSSIER.

Pour copie conforme :
L'Adjudant-commandant, Chef de l'État-major,
DOUCET.

ÉTAT-MAJOR

DE LA GARNISON DE PARIS.

ORDRE du 10 Brumaire an 14.

SERVICE DE L'ÉTAT-MAJOR DE LA GARNISON DE PARIS.

Du 10 au 11 Brumaire.

Adjudant de Place de service à l'État-major......................... CORDIEZ.
Adjudant de Place de ronde de nuit................................. VIART.

Visite aux Casernes, Prisons, Hôpital, et distribution de fourrages.

Rive droite de la Seine : le Capitaine-Adjudant de Place................ VIART.
Rive gauche : le Capitaine-Adjudant de Place........................ COTEAU.

Du 11 au 12 Brumaire.

Adjudant de Place de service à l'État-major......................... CARON.
Adjudant de Place de ronde de nuit................................. COTEAU.

Visite aux Casernes, Prisons, Hôpital, et distribution de fourrages.

Rive droite de la Seine : le Capitaine-Adjudant de Place............... COTEAU.
Rive gauche : le Capitaine-Adjudant de Place........................ CORDIEZ.

Rien de nouveau.

Le Général de Division commandant les troupes de la Garnison de Paris,

BROUSSIER.

Pour copie conforme :
L'Adjudant-commandant, Chef de l'État-major,

DOUCET.

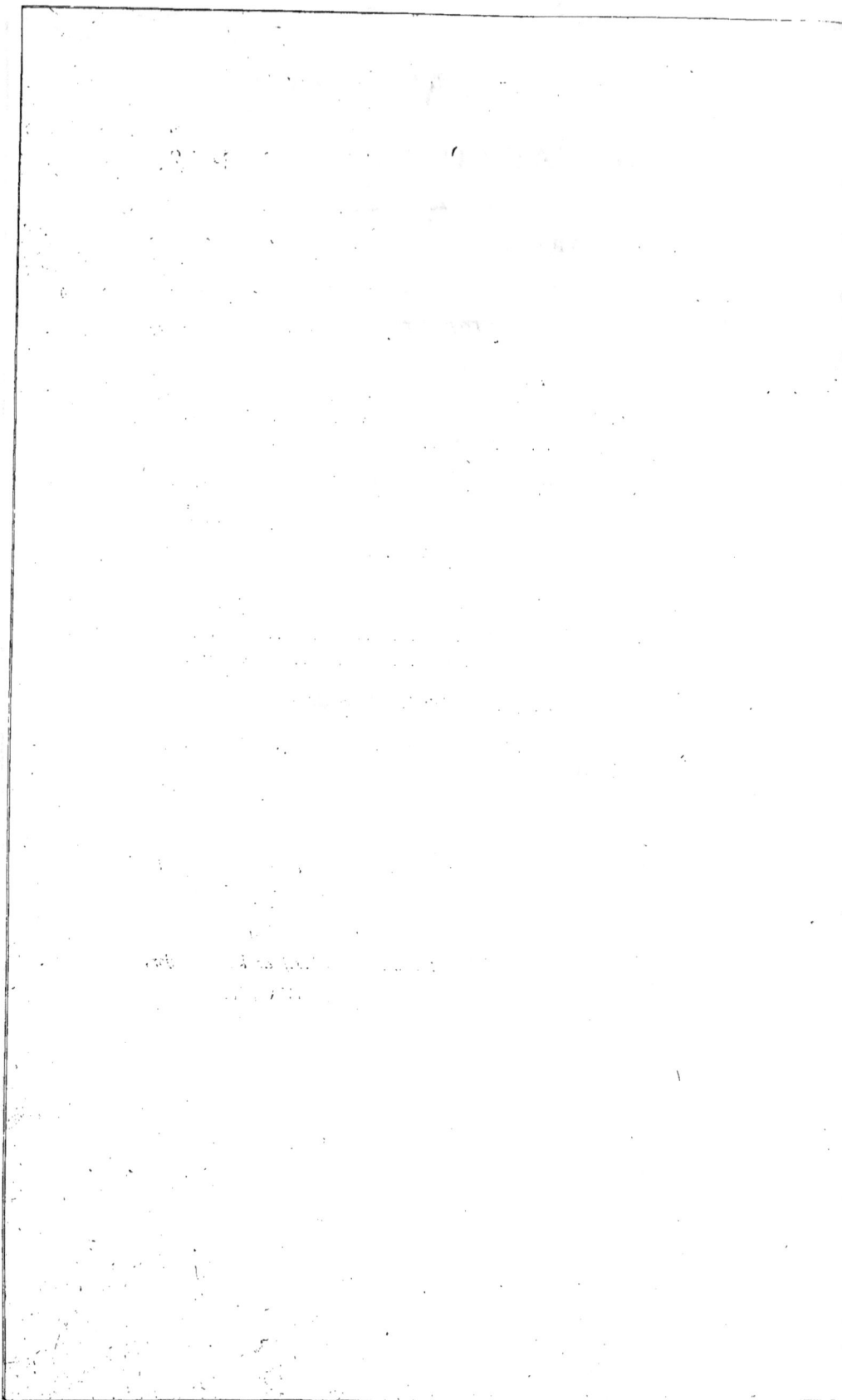

GOUVERNEMENT DE PARIS.

ÉTAT-MAJOR DE LA GARNISON.

ORDRE du 11 Brumaire an 14.

SERVICE DE L'ÉTAT-MAJOR DE LA GARNISON DE PARIS.

Du 11 au 12 Brumaire.

Adjudant de Place de service à l'État-major........................ CARON.
Adjudant de Place de ronde de nuit.............................. COTEAU.

Visite aux Casernes, Prisons, Hôpital, et distribution de fourrages.

Rive droite de la Seine : le Capitaine-Adjudant de Place.............. COTEAU.
Rive gauche : le Capitaine-Adjudant de Place..................... CORDIEZ.

Du 12 au 13 Brumaire.

Adjudant de Place de service à l'État-major........................ GRAILLARD.
Adjudant de Place de ronde de nuit.............................. CORDIEZ.

Visite aux Casernes, Prisons, Hôpital, et distribution de fourrages.

Rive droite de la Seine : le Capitaine-Adjudant de Place............... CORDIEZ.
Rive gauche : le Capitaine-Adjudant de Place...................... CARON.

Rien de nouveau.

Le Général de Division commandant les troupes de la Garnison de Paris,
BROUSSIER.

Pour copie conforme :
L'Adjudant-commandant, Chef de l'État-major,
DOUCET.

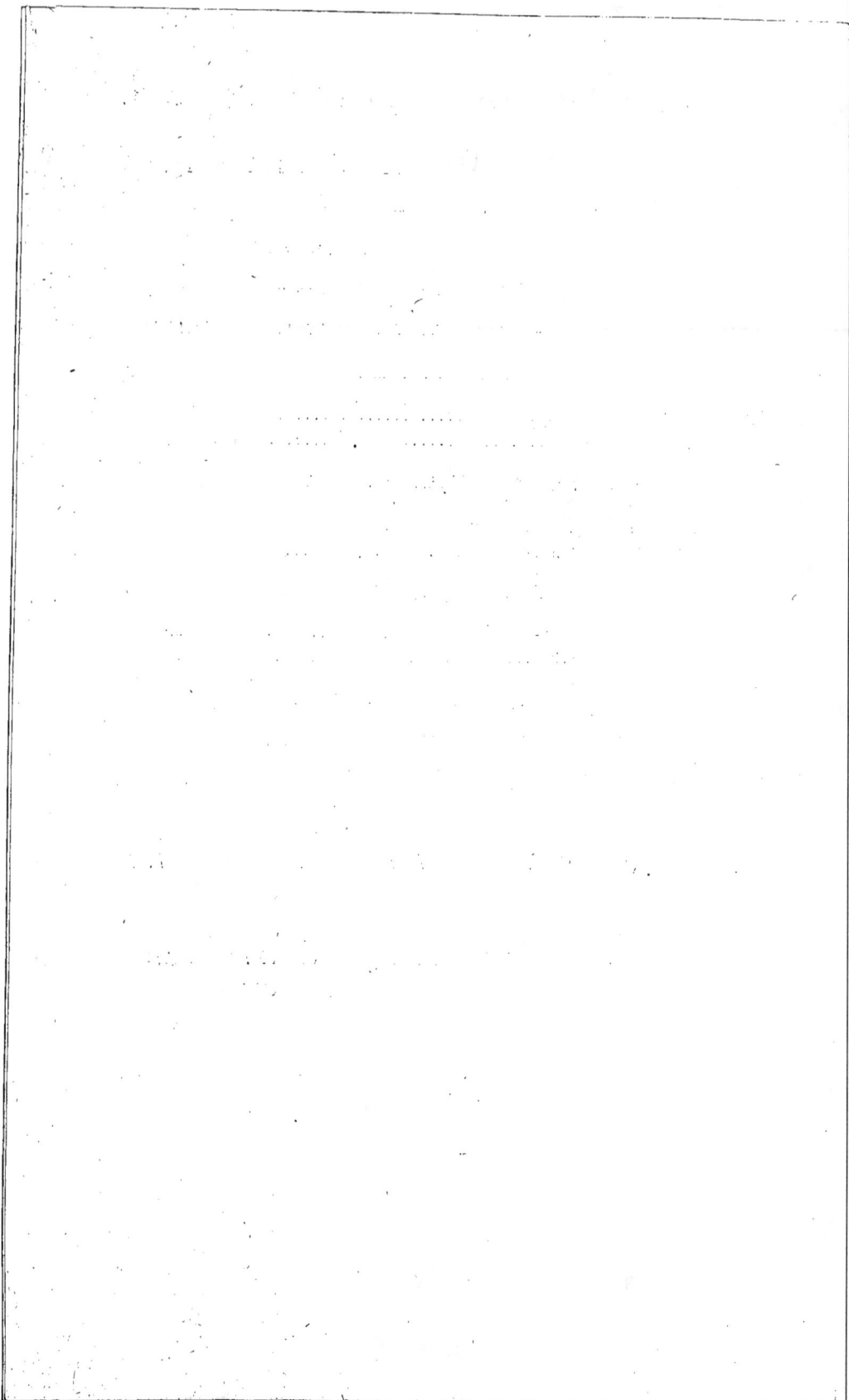

GOUVERNEMENT DE PARIS.

ÉTAT-MAJOR DE LA GARNISON.

ORDRE du 12 Brumaire an 14.

SERVICE DE L'ÉTAT-MAJOR DE LA GARNISON DE PARIS.

Du 12 au 13 Brumaire.

Adjudant de Place de service à l'État-major......................... GRAILLARD.
Adjudant de Place de ronde de nuit............................... CORDIEZ.

Visite aux Casernes, Prisons, Hôpital, et distribution de fourrages.

Rive droite de la Seine : le Capitaine-Adjudant de Place............... CORDIEZ.
Rive gauche : le Capitaine-Adjudant de Place....................... CARON.

Du 13 au 14 Brumaire.

Adjudant de Place de service à l'État-major......................... SANSON.
Adjudant de Place de ronde de nuit............................... CARON.

Visite aux Casernes, Prisons, Hôpital, et distribution de fourrages.

Rive droite de la Seine : le Capitaine-Adjudant de Place............... CARON.
Rive gauche : le Capitaine-Adjudant de Place....................... GRAILLARD.

Rien de nouveau.

Le Général de Division commandant les troupes de la Garnison de Paris,
BROUSSIER.

Pour copie conforme :
L'Adjudant-commandant, Chef de l'État-major,
DOUCET.

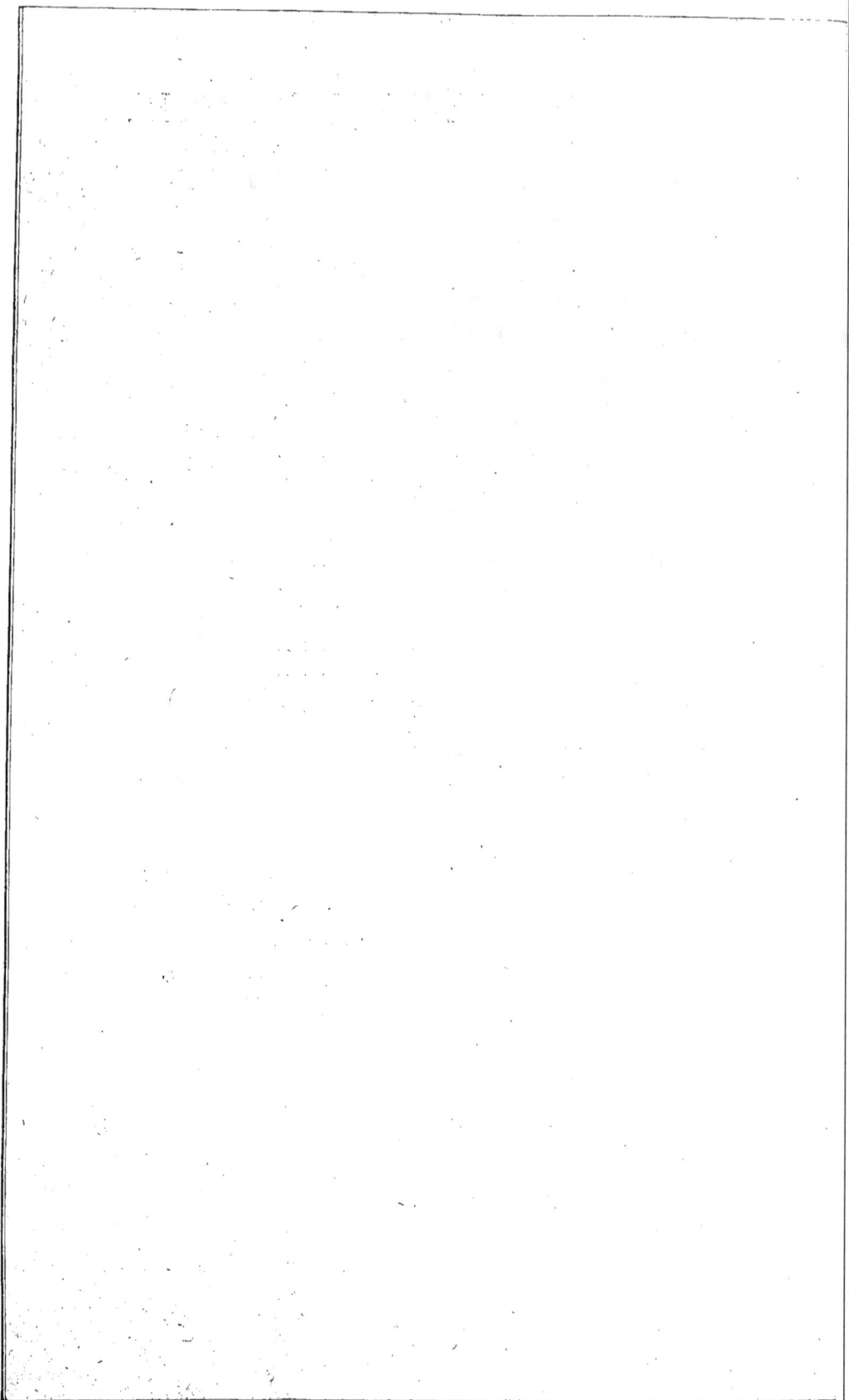

GOUVERNEMENT DE PARIS.

ÉTAT-MAJOR DE LA GARNISON.

ORDRE du 13 Brumaire an 14.

SERVICE DE L'ÉTAT-MAJOR DE LA GARNISON DE PARIS.

Du 13 au 14 Brumaire.

Adjudant de Place de service à l'État-major........................ SANSON.
Adjudant de Place de ronde de nuit.............................. CARON.

Visite aux Casernes, Prisons, Hôpital, et distribution de fourrages.

Rive droite de la Seine : le Capitaine-Adjudant de Place............... CARON.
Rive gauche : le Capitaine-Adjudant de Place........................ GRAILLARD.

Du 14 au 15 Brumaire.

Adjudant de Place de service à l'État-major........................ VIART.
Adjudant de Place de ronde de nuit.............................. GRAILLARD.

Visite aux Casernes, Prisons, Hôpital, et distribution de fourrages.

Rive droite de la Seine : le Capitaine-Adjudant de Place.............. GRAILLARD.
Rive gauche : le Lieutenant-Adjudant de Place .... SANSON.

Rien de nouveau.

Le Général de Division commandant les troupes de la Garnison de Paris,
BROUSSIER.

Pour copie conforme :
L'Adjudant-commandant, Chef de l'État-major,
DOUCET.

GOUVERNEMENT DE PARIS.
ÉTAT-MAJOR DE LA GARNISON.

ORDRE du 14 Brumaire an 14.

SERVICE DE L'ÉTAT-MAJOR DE LA GARNISON.

Du 14 au 15 Brumaire.

Adjudant de Place de service à l'État-major........................ VIART.
Adjudant de Place de ronde de nuit............................... GRAILLARD.

Visite aux Casernes, Prisons, Hôpital, et distribution de fourrages.

Rive droite de la Seine : le Capitaine-Adjudant de Place.............. GRAILLARD.
Rive gauche : le Lieutenant-Adjudant de Place .... SANSON.

Du 15 au 16 Brumaire.

Adjudant de Place de service à l'État-major........................ COTEAU.
Adjudant de Place de ronde de nuit............................... SANSON.

Visite aux Casernes, Prisons, Hôpital, et distribution de fourrages.

Rive droite de la Seine : le Lieutenant-Adjudant de Place.............. SANSON.
Rive gauche : le Capitaine-Adjudant de Place...................... VIART.

Rien de nouveau.

Le Général de Division commandant les troupes de la Garnison de Paris,
BROUSSIER.

Pour copie conforme :
L'Adjudant-commandant, Chef de l'État-major,
DOUCET.

GOUVERNEMENT DE PARIS.

ÉTAT-MAJOR DE LA GARNISON.

ORDRE du 15 Brumaire an 14.

SERVICE DE L'ÉTAT-MAJOR DE LA GARNISON.

Du 15 au 16 Brumaire.

Adjudant de Place de service à l'État-major......................... COTEAU.

Adjudant de Place de ronde de nuit.............................. SANSON.

Visite aux Casernes, Prisons, Hôpital, et distribution de fourrages.

Rive droite de la Seine : le Lieutenant-Adjudant de Place.............. SANSON.

Rive gauche : le Capitaine-Adjudant de Place...................... VIART.

Du 16 au 17 Brumaire.

Adjudant de Place de service à l'État-major......................... CORDIEZ.

Adjudant de Place de ronde de nuit.............................. VIART.

Visite aux Casernes, Prisons, Hôpital, et distribution de fourrages.

Rive droite de la Seine : le Capitaine-Adjudant de Place.............. VIART.

Rive gauche : le Capitaine-Adjudant de Place .... COTEAU.

Rien de nouveau.

Le Général de Division commandant les troupes de la Garnison de Paris,
BROUSSIER.

Pour copie conforme :

L'Adjudant-commandant, Chef de l'État-major,
DOUCET.

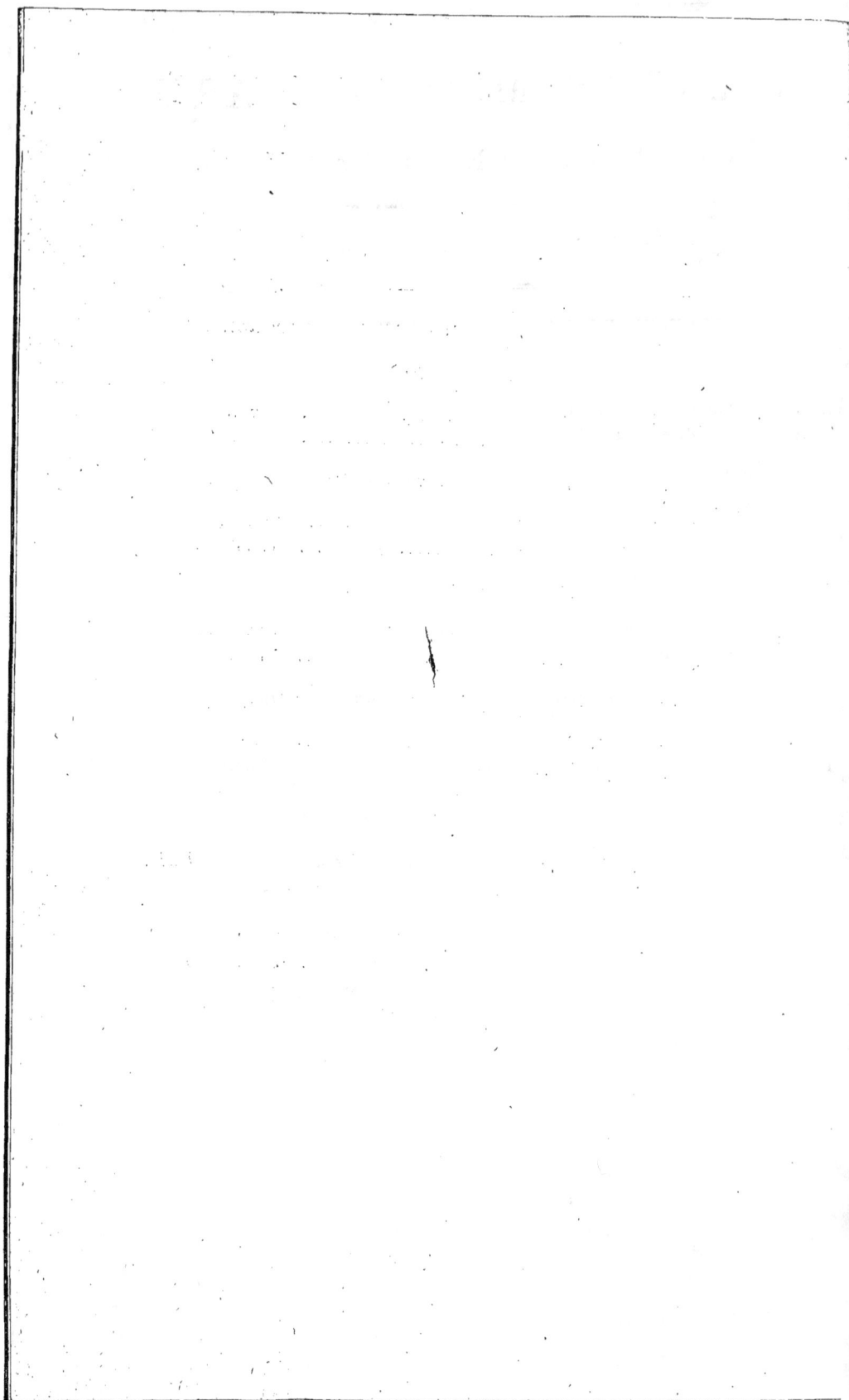

GOUVERNEMENT DE PARIS.

ÉTAT-MAJOR DE LA GARNISON.

ORDRE du 16 Brumaire an 14.

SERVICE DE L'ÉTAT-MAJOR DE LA GARNISON.

Du 16 au 17 Brumaire.

Adjudant de Place de service à l'État-major......................... CORDIEZ.
Adjudant de Place de ronde de nuit............................. VIART.

Visite aux Casernes, Prisons, Hôpital, et distribution de fourrages.

Rive droite de la Seine : le Capitaine-Adjudant de Place.............. VIART.
Rive gauche : le Capitaine-Adjudant de Place .... COTEAU.

Du 17 au 18 Brumaire.

Adjudant de Place de service à l'État-major......................... CARON.
Adjudant de Place de ronde de nuit............................... COTEAU.

Visite aux Casernes, Prisons, Hôpital, et distribution de fourrages.

Rive droite de la Seine : le Capitaine-Adjudant de Place............... COTEAU.
Rive gauche : le Capitaine-Adjudant de Place....................... CORDIEZ.

Rien de nouveau.

Le Général de Division commandant les troupes de la Garnison de Paris,

BROUSSIER.

Pour copie conforme :

L'Adjudant-commandant, Chef de l'État-major,

DOUCET.

GOUVERNEMENT DE PARIS.
ÉTAT-MAJOR DE LA GARNISON.

ORDRE du 17 Brumaire an 14.

SERVICE DE L'ÉTAT-MAJOR DE LA GARNISON.

Du 17 au 18 Brumaire.

Adjudant de Place de service à l'État-major........................ CARON.
Adjudant de Place de ronde de nuit............................... COTEAU.

Visite aux Casernes, Prisons, Hôpital, et distribution de fourrages.

Rive droite de la Seine : le Capitaine-Adjudant de Place............... COTEAU.
Rive gauche : le Capitaine-Adjudant de Place....................... CORDIEZ.

Du 18 au 19 Brumaire.

Adjudant de Place de service à l'État-major........................ VILLERS.
Adjudant de Place de ronde de nuit............................... CORDIEZ.

Visite aux Casernes, Prisons, Hôpital, et distribution de fourrages.

Rive droite de la Seine : le Capitaine-Adjudant de Place.............. CORDIEZ.
Rive gauche : le Capitaine-Adjudant de Place .... CARON.

Rien de nouveau.

Le Général de Division commandant les troupes de la Garnison de Paris,
BROUSSIER.

Pour copie conforme :
L'Adjudant-commandant, Chef de l'État-major,
DOUCET.

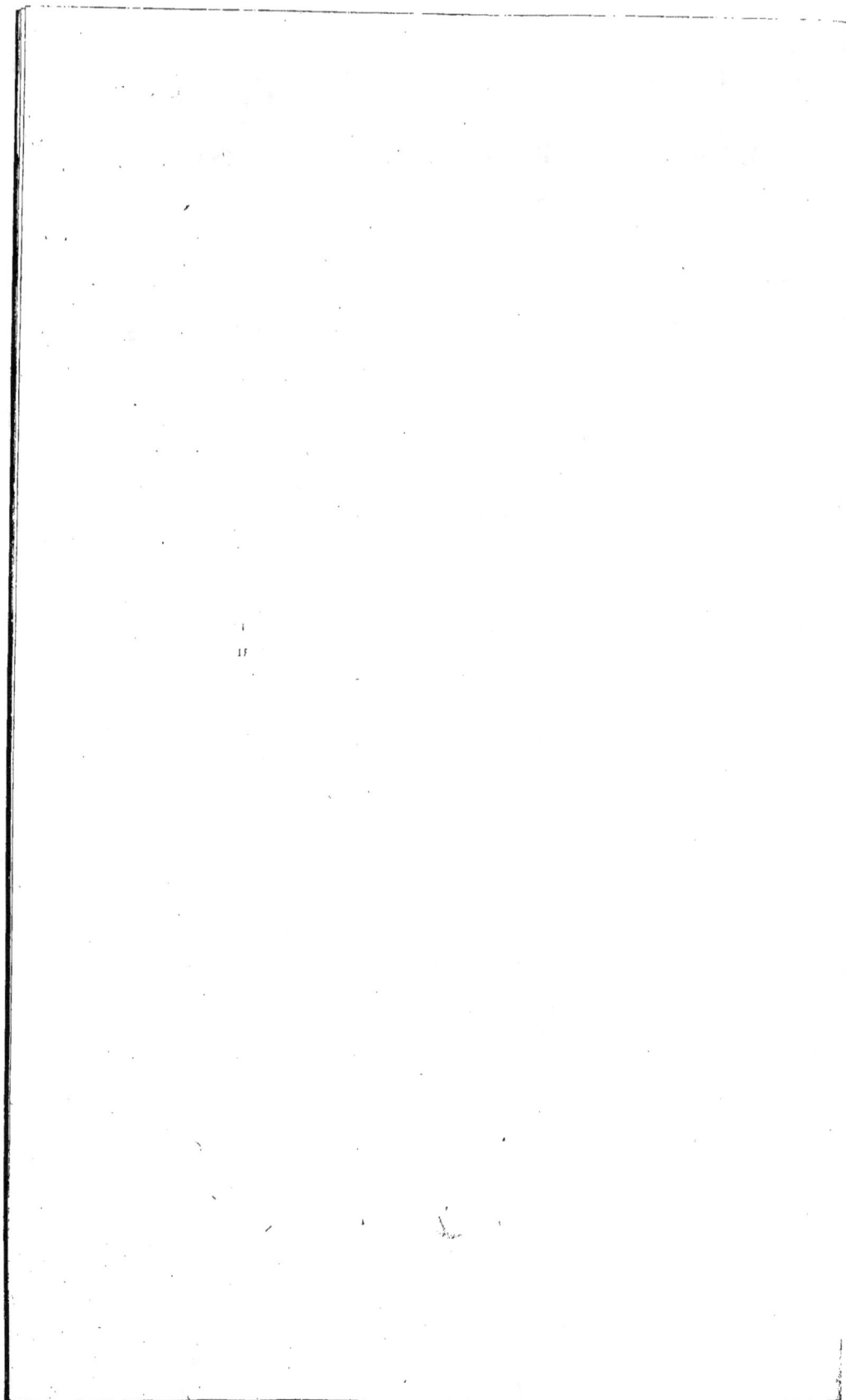

GOUVERNEMENT DE PARIS.

ÉTAT-MAJOR DE LA GARNISON.

ORDRE du 18 Brumaire an 14.

SERVICE DE L'ÉTAT-MAJOR DE LA GARNISON.

Du 18 au 19 Brumaire.

Adjudant de Place de service à l'État-major......................... VILLERS.
Adjudant de Place de ronde de nuit............................... CORDIEZ.

Visite aux Casernes, Prisons, Hôpital, et distribution de fourrages.

Rive droite de la Seine : le Capitaine-Adjudant de Place.............. CORDIEZ.
Rive gauche : le Capitaine-Adjudant de Place .... CARON.

Du 19 au 20 Brumaire.

Adjudant de Place de service à l'État-major......................... SANSON.
Adjudant de Place de ronde de nuit............................... CARON.

Visite aux Casernes, Prisons, Hôpital, et distribution de fourrages.

Rive droite de la Seine : le Capitaine-Adjudant de Place............... CARON.
Rive gauche : le Capitaine-Adjudant de Place....................... VILLERS.

Rien de nouveau.

Le Général de Division commandant les troupes de la Garnison de Paris,
BROUSSIER.

Pour copie conforme :
L'Adjudant-commandant, Chef de l'État-major,
DOUCET.

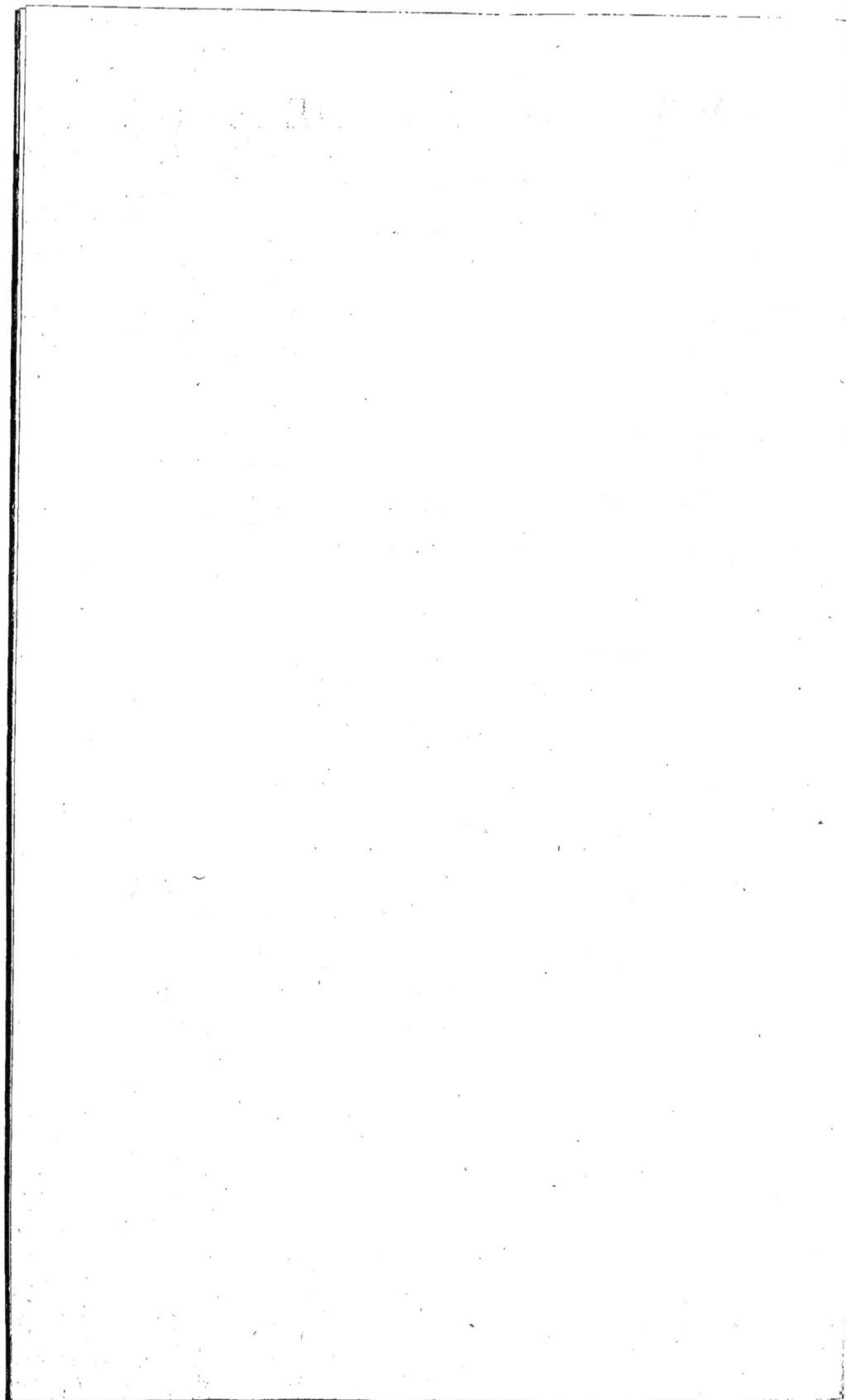

GOUVERNEMENT DE PARIS.

ÉTAT-MAJOR DE LA GARNISON.

ORDRE du 19 Brumaire an 14.

SERVICE DE L'ÉTAT-MAJOR DE LA GARNISON.

Du 19 au 20 Brumaire.

Adjudant de Place de service à l'État-major......................... SANSON.

Adjudant de Place de ronde de nuit................................ CARON.

Visite aux Casernes, Prisons, Hôpital, et distribution de fourrages.

Rive droite de la Seine : le Capitaine-Adjudant de Place............... CARON.

Rive gauche : le Capitaine-Adjudant de Place....................... VILLERS.

Du 20 au 21 Brumaire.

Adjudant de Place de service à l'État-major......................... VIART.

Adjudant de Place de ronde de nuit................................ VILLERS.

Visite aux Casernes, Prisons, Hôpital, et distribution de fourrages.

Rive droite de la Seine : le Capitaine-Adjudant de Place.............. VILLERS.

Rive gauche : le Lieutenant-Adjudant de Place .... SANSON.

ORDRE GÉNÉRAL.

QUATRIÈME BULLETIN DE L'ARMÉE D'ITALIE.

Au quartier général de Montebello, 11 Brumaire an 14 (2 Novembre 1805).

APRÈS la bataille du 8, par l'effet de la position de l'armée en avant de *Caldiero*, et par suite des mouvemens ordonnés le 7 à la division *Seras*, une colonne ennemie, forte de 5000 hommes commandés par un Brigadier, fut séparée du corps du général *Rosemberg*, et se trouva coupée de manière à ne pouvoir remonter dans les vallées, ni rejoindre son armée.

Le Général en chef, instruit qu'elle s'était portée le 10 sur les hauteurs de *Saint-Léonard*, envoya un de ses aides-de-camp pour la sommer de mettre bas les armes. L'officier général *Hillniger*, qui la commandait, s'apercevant qu'il n'avait pas de troupes devant lui, manifesta l'intention de combattre.

Le 22.ᵉ régiment d'infanterie légère, conduit par son colonel *Goguet*, eut ordre de se porter de suite en avant de *Véronnette*; l'ennemi fit un mouvement sur lui, et le força de prendre position sous le château de *San-Felice*.

Le Général en chef se porta bientôt sur les lieux, et fit marcher quatre bataillons de grenadiers pour cerner entièrement l'ennemi. Le général *Charpentier*, chef de l'État-major, chargé de ses dispositions, les exécuta avec précision de concert avec le général *Solignac*.

Il fut fait alors une nouvelle sommation à l'ennemi, qui sentit qu'il fallait se résoudre à mettre bas les armes. Une capitulation, signée par l'officier général commandant la colonne ennemie, et par le général *Solignac*, nous a livré 5000 prisonniers avec armes et bagages, 70 officiers, 1 brigadier, 1 major, 1 colonel, 80 chevaux, &c. &c. &c.

Le prince *Charles*, de son côté, voyant qu'une colonne de son armée avait été coupée, et craignant d'être tourné dans sa position, s'occupa d'effectuer sa retraite. On fut instruit qu'il avait fait quelques mouvemens dans la nuit : dès la pointe du jour de fortes reconnaissances furent poussées sur la ligne. La division des chasseurs à cheval, commandée par le général *Espagne*, et les voltigeurs de la division *Gardanne*, se mirent à la poursuite des Autrichiens, qui furent harcelés toute la journée et auxquels on fit 600 prisonniers.

Nous occupons aujourd'hui Montebello. Demain l'armée continue sa marche.

CAPITULATION.

Entre M. le général *Solignac*, commandant un corps de grenadiers de l'armée Impériale et Royale de sa Majesté l'Empereur des Français, d'une part ;

Et M. le brigadier général *Hillniger*, commandant un corps de troupes de sa Majesté impériale et royale l'Empereur d'Allemagne, d'autre part :

Art. I.ᵉʳ Les troupes Autrichiennes commandées par M. le général *Hillniger*, restent prisonnières de guerre aux conditions suivantes ;

II. M. le général *Hillniger*, ainsi que tous les officiers sous ses ordres, conserveront leurs épées, chevaux et bagages ; ils rentreront en Autriche sur leur parole d'honneur de ne pas servir contre la France, ou ses alliés, jusqu'à leur parfait échange.

III. Les soldats mettront bas les armes avant d'entrer dans *Veronne* ; ils conserveront leur butin.

IV. Tous les blessés autrichiens qui se trouvent dans les environs de *Poyano* et *Grazzano*, seront transportés de suite dans les hôpitaux militaires de l'Armée Française, pour y être traités convenablement.

V. Les troupes de sa Majesté l'Empereur d'Allemagne, s'étant battues avec la plus grande intrépidité, et n'ayant capitulé qu'au moment où elles ont été complètement cernées, l'Armée Française fera pour elles tout ce que l'on doit à la bravoure militaire.

Fait double, à *Casa Albertini*, le deux novembre mil huit cent cinq (le onze brumaire an 14.) *Signé*, HILLNIGER, *Général-Major, &c. &c.*

Signé, Louis BONAPARTE.

Messieurs les Commissaires des guerres *Lepelletier*, employé à Paris, *Meurizet*, employé à Soissons, et *Léping*, employé à Beauvais, ayant reçu l'ordre de se rendre à l'armée, le service dont ils étaient respectivement chargés, sera réparti entre les Commissaires restans de la manière suivante :

Le Commissaire des guerres *Fradiel*, joindra provisoirement au service dont il est déjà chargé, les détails relatifs à la solde de retraite et au traitement de réforme, ceux concernant les services des vivres, des liquides, des fourrages et de l'habillement, qui étaient précédemment confiés au Commissaire *Lepelletier*.

Les détails relatifs aux maisons d'arrêt de l'Abbaye et de Montaigu seront ajoutés à ceux dont est chargé le Commissaire *Lefebvre-Montobon*.

Le Commissaire *Senneville* réunira l'administration du département de l'Oise à celle du département de Seine-et-Marne, et enfin le Commissaire *Desjardins*, employé à la Fère, se rendra provisoirement à Soissons et sera chargé de la totalité des services du département de l'Aîne.

Le Général de Division commandant les troupes de la Garnison de Paris

BROUSSIER.

Pour copie conforme :

L'Adjudant-commandant, Chef de l'État-major,

DOUCET.

GOUVERNEMENT DE PARIS.

ÉTAT-MAJOR DE LA GARNISON.

ORDRE du 20 Brumaire an 14.

SERVICE DE L'ÉTAT-MAJOR DE LA GARNISON.

Du 20 au 21 Brumaire.

Adjudant de Place de service à l'État-major......................... VIART.
Adjudant de Place de ronde de nuit............................... VILLERS.

Visite aux Casernes, Prisons, Hôpital, et distribution de fourrages.

Rive droite de la Seine : le Capitaine-Adjudant de Place.............. VILLERS.
Rive gauche : le Lieutenant-Adjudant de Place .... SANSON.

Du 21 au 22 Brumaire.

Adjudant de Place de service à l'État-major......................... COTEAU.
Adjudant de Place de ronde de nuit............................... SANSON.

Visite aux Casernes, Prisons, Hôpital, et distribution de fourrages.

Rive droite de la Seine : le Lieutenant-Adjudant de Place.............. SANSON.
Rive gauche : le Capitaine-Adjudant de Place........................ VIART.

Rien de nouveau.

Le Général de Division commandant les troupes de la Garnison de Paris,
BROUSSIER.

Pour copie conforme :

L'Adjudant-commandant, Chef de l'État-major,
DOUCET.

GOUVERNEMENT DE PARIS.

ÉTAT-MAJOR DE LA GARNISON.

ORDRE du 21 Brumaire an 14.

SERVICE DE L'ÉTAT-MAJOR DE LA GARNISON.

Du 21 au 22 Brumaire.

Adjudant de Place de service à l'État-major......................... COTEAU.
Adjudant de Place de ronde de nuit................................ SANSON.

Visite aux Casernes, Prisons, Hôpital, et distribution de fourrages.

Rive droite de la Seine : le Lieutenant-Adjudant de Place.............. SANSON.
Rive gauche : le Capitaine-Adjudant de Place........................ VIART.

Du 22 au 23 Brumaire.

Adjudant de Place de service à l'État-major......................... CORDIEZ.
Adjudant de Place de ronde de nuit................................ VIART.

Visite aux Casernes, Prisons, Hôpital, et distribution de fourrages.

Rive droite de la Seine : le Capitaine-Adjudant de Place.............. VIART.
Rive gauche : le Capitaine-Adjudant de Place........................ COTEAU.

Rien de nouveau.

Le Général de Division commandant les troupes de la Garnison de Paris,
BROUSSIER.

Pour copie conforme :

L'Adjudant-commandant, Chef de l'État-major,
DOUCET.

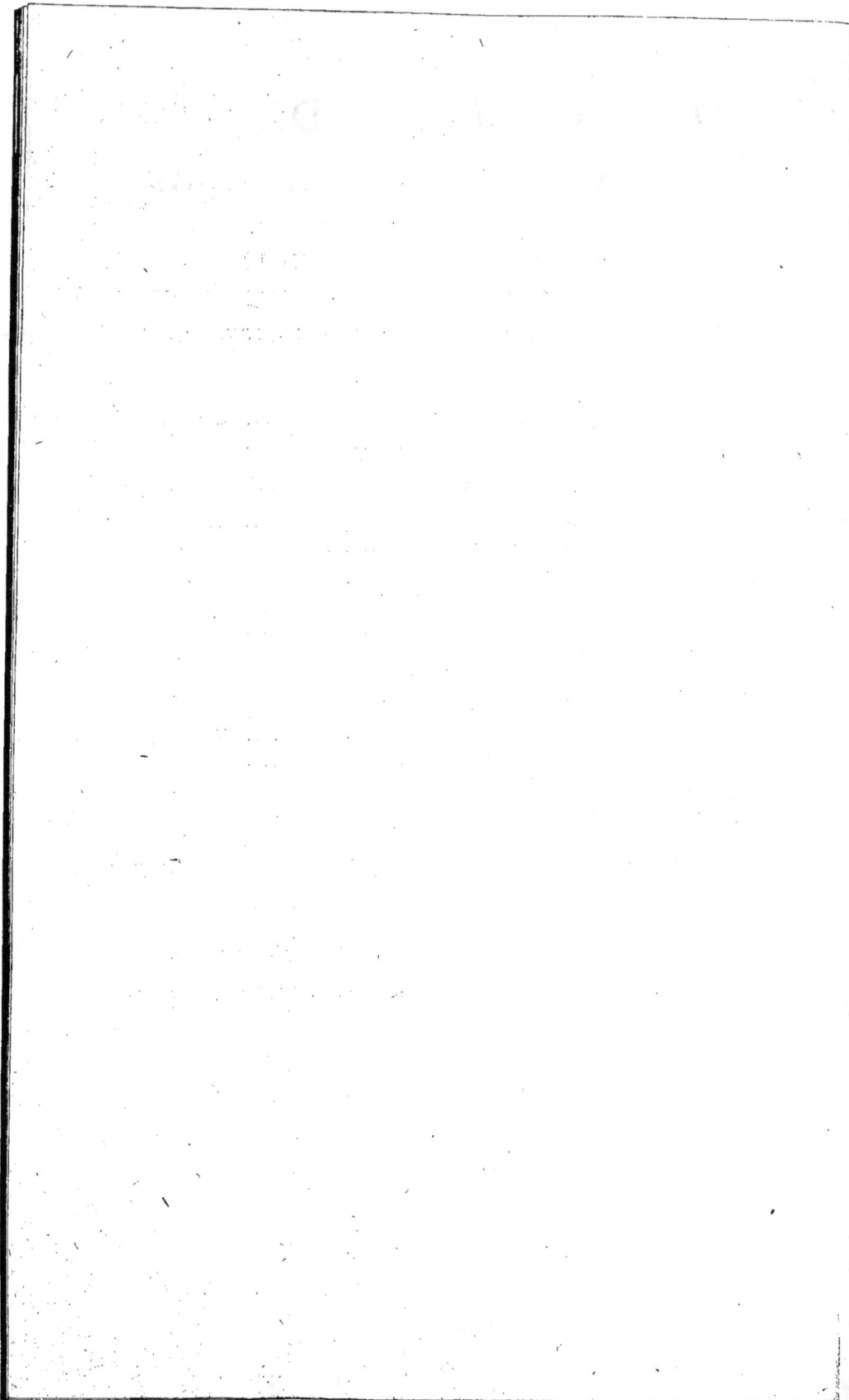

GOUVERNEMENT DE PARIS.

ÉTAT-MAJOR DE LA GARNISON.

ORDRE du 22 Brumaire an 14.

SERVICE DE L'ÉTAT-MAJOR DE LA GARNISON.

Du 22 au 23 Brumaire.

Adjudant de Place de service à l'État-major......................... CORDIEZ.
Adjudant de Place de ronde de nuit............................... VIART.

Visite aux Casernes, Prisons, Hôpital, et distribution de fourrages.

Rive droite de la Seine : le Capitaine-Adjudant de Place.............. VIART.
Rive gauche : le Capitaine-Adjudant de Place .... COTEAU.

Du 23 au 24 Brumaire.

Adjudant de Place de service à l'État-major......................... CARON.
Adjudant de Place de ronde de nuit............................... COTEAU.

Visite aux Casernes, Prisons, Hôpital, et distribution de fourrages.

Rive droite de la Seine : le Capitaine-Adjudant de Place.............. COTEAU.
Rive gauche : le Capitaine-Adjudant de Place...................... CORDIEZ.

Rien de nouveau.

Le Général de Division commandant les troupes de la Garnison de Paris,
BROUSSIER.

Pour copie conforme :

L'Adjudant-commandant, Chef de l'État-major,
DOUCET.

GOUVERNEMENT DE PARIS.

ÉTAT-MAJOR DE LA GARNISON.

ORDRE du 23 Brumaire an 14.

SERVICE DE L'ÉTAT-MAJOR DE LA GARNISON.

Du 23 au 24 Brumaire.

Adjudant de Place de service à l'État-major......................... CARON.
Adjudant de Place de ronde de nuit............................... COTEAU.

Visite aux Casernes, Prisons, Hôpital, et distribution de fourrages.

Rive droite de la Seine : le Capitaine-Adjudant de Place............... COTEAU.
Rive gauche : le Capitaine-Adjudant de Place....................... CORDIEZ.

Du 24 au 25 Brumaire.

Adjudant de Place de service à l'État-major......................... VILLERS.
Adjudant de Place de ronde de nuit............................... CORDIEZ.

Visite aux Casernes, Prisons, Hôpital, et distribution de fourrages.

Rive droite de la Seine : le Capitaine-Adjudant de Place............... CORDIEZ.
Rive gauche ; le Capitaine-Adjudant de Place....................... CARON.

Rien de nouveau.

Le Général de Division commandant les troupes de la Garnison de Paris,
BROUSSIER.

Pour copie conforme :

L'Adjudant-commandant, Chef de l'État-major,
DOUCET.

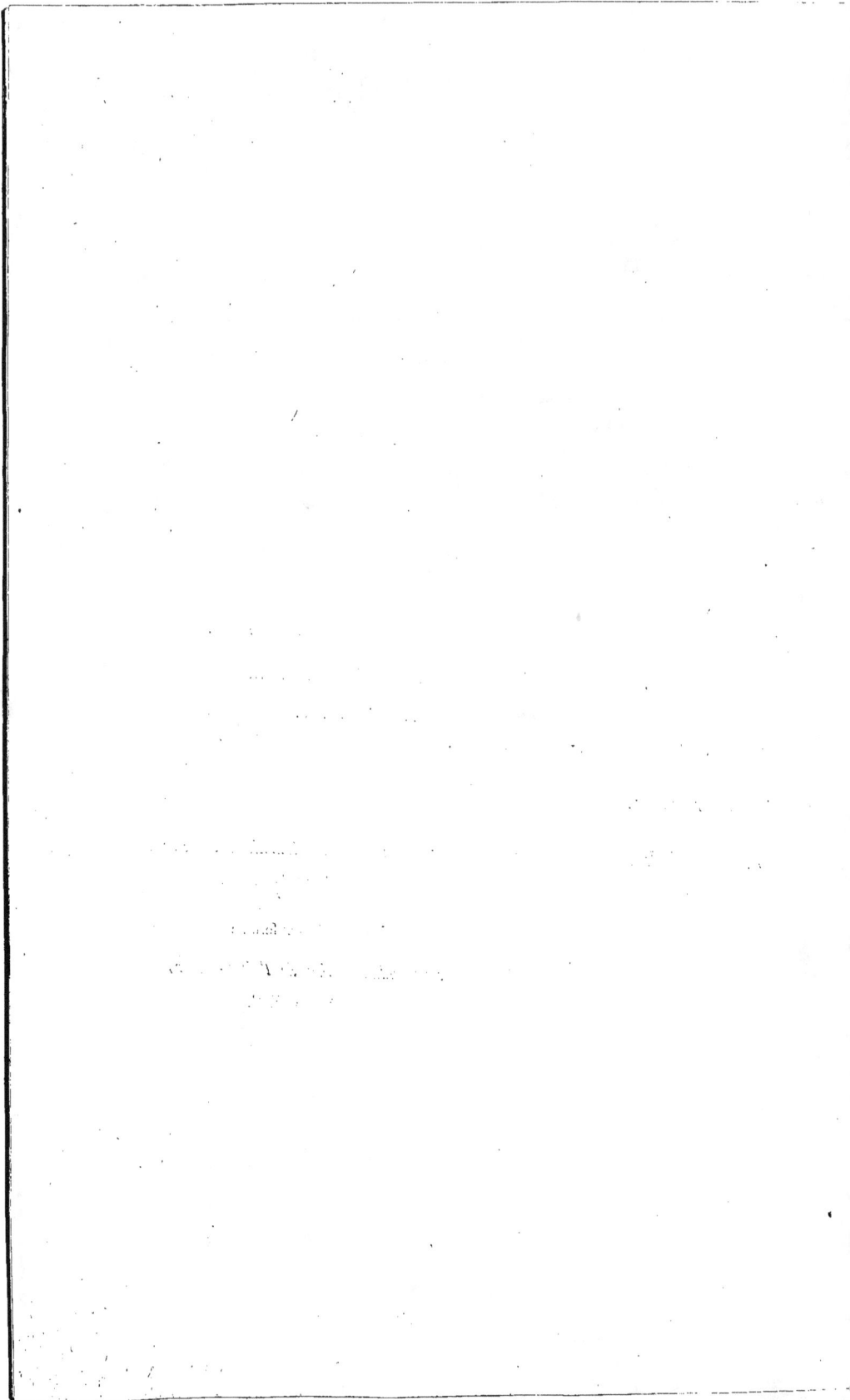

GOUVERNEMENT DE PARIS.

ÉTAT-MAJOR DE LA GARNISON.

ORDRE du 24 Brumaire an 14.

SERVICE DE L'ÉTAT-MAJOR DE LA GARNISON.

Du 24 au 25 Brumaire.

Adjudant de Place de service à l'État-major......................... VILLERS.

Adjudant de Place de ronde de nuit................................ CORDIEZ.

Visite aux Casernes, Prisons, Hôpital, et distribution de fourrages.

Rive droite de la Seine : le Capitaine-Adjudant de Place.............. CORDIEZ.

Rive gauche : le Capitaine-Adjudant de Place .... CARON.

Du 25 au 26 Brumaire.

Adjudant de Place de service à l'État-major......................... GRAILLARD.

Adjudant de Place de ronde de nuit................................ CARON.

Visite aux Casernes, Prisons, Hôpital, et distribution de fourrages.

Rive droite de la Seine : le Capitaine-Adjudant de Place.............. CARON.

Rive gauche : le Capitaine-Adjudant de Place .... VILLERS.

Rien de nouveau.

Le Général de Division commandant les troupes de la Garnison de Paris,

BROUSSIER.

Pour copie conforme :

L'Adjudant-commandant, Chef de l'État-major,

DOUCET.

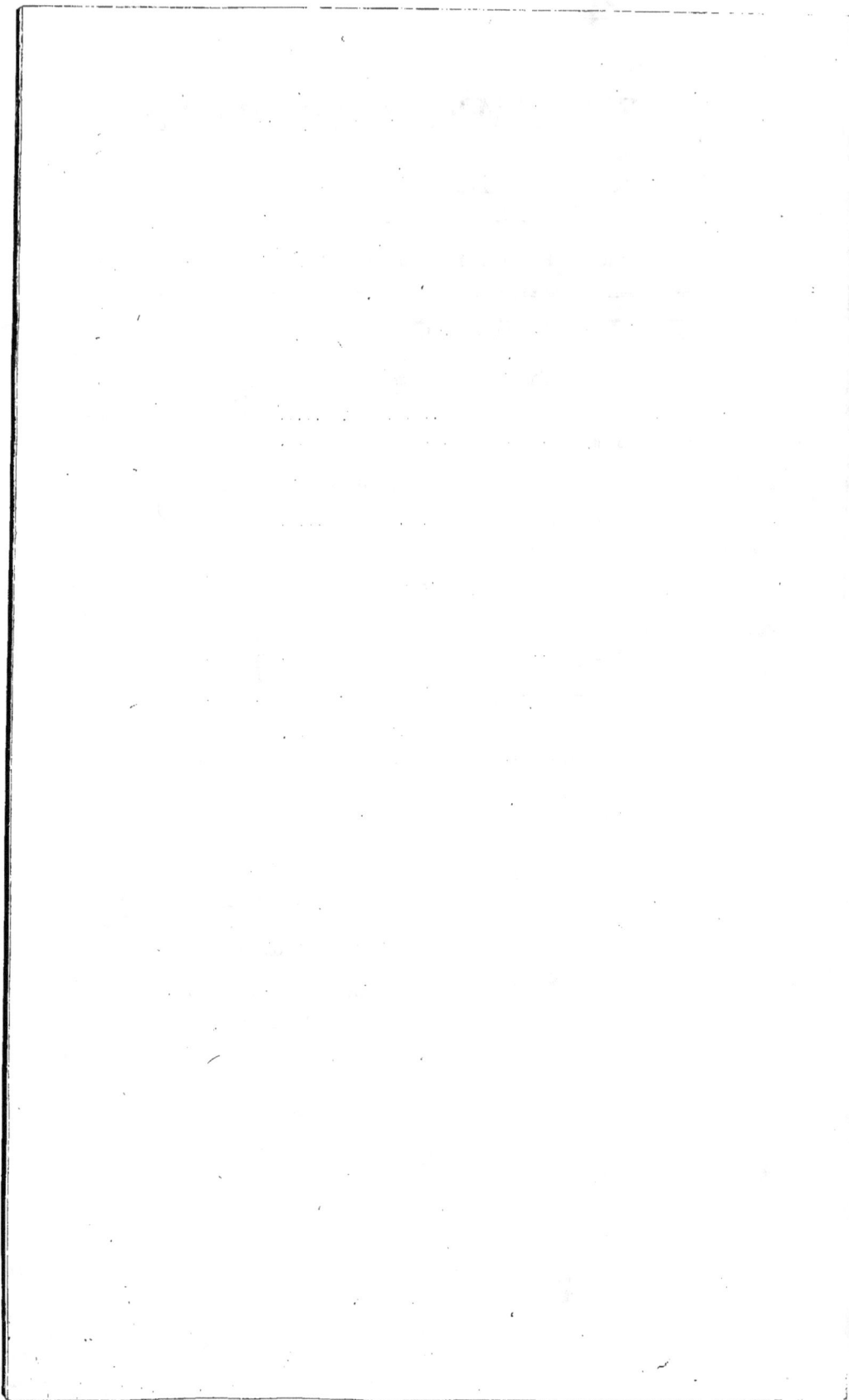

GOUVERNEMENT DE PARIS.

ÉTAT-MAJOR DE LA GARNISON.

ORDRE du 25 Brumaire an 14.

SERVICE DE L'ÉTAT-MAJOR DE LA GARNISON.

Du 25 au 26 Brumaire.

Adjudant de Place de service à l'État-major......................... GRAILLARD.
Adjudant de Place de ronde de nuit................................ CARON.

Visite aux Casernes, Prisons, Hôpital, et distribution de fourrages.

Rive droite de la Seine : le Capitaine-Adjudant de Place............... CARON.
Rive gauche : le Capitaine-Adjudant de Place....................... VILLERS.

Du 26 au 27 Brumaire.

Adjudant de Place de service à l'État-major......................... VIART.
Adjudant de Place de ronde de nuit................................ VILLERS.

Visite aux Casernes, Prisons, Hôpital, et distribution de fourrages.

Rive droite de la Seine : le Capitaine-Adjudant de Place.............. VILLERS.
Rive gauche : le Capitaine-Adjudant de Place....................... GRAILLARD.

ORDRE GÉNÉRAL du 25 Vendémiaire an 14.

J'AI vu avec peine le désordre de l'administration des deux régimens d'infanterie de la garde munici-pale, principalement du premier. La masse des spectacles et postes salariés se divise en deux portions : d'après l'arrêté de formation de ces corps, la première portion devait être répartie sur-le-champ aux sous-officiers et soldats.

Le conseil d'administration n'avait nullement le droit d'en retarder la répartition. Les conseils d'admi-nistration et colonels des trois régimens de la garde municipale sont prévenus qu'ils me répondront per-sonnellement de toute infraction aux ordres donnés à ce sujet. J'entends que depuis le 1.er vendémiaire an 14, que j'en ai donné l'ordre, cette première partie de la masse des spectacles et postes salariés soit distribuée exactement et sans interruption.

Pour se conformer à l'arrêté du 12 vendémiaire an 11, les conseils d'administration devaient suivre les réglemens en vigueur pour toutes les troupes, pour tout ce qui n'est point prévu par ledit arrêté. A l'avenir les officiers superieurs chargés du détail de cette masse ne pourront en conserver les fonds ; ils les feront verser à mesure dans la caisse du corps. Il sera établi un registre par bataillon, portant le détail des postes payans, le nombre d'hommes qui ont fait le service, la date exacte et le montant du service, signé par le chef du poste sur une feuille volante qui sera annexée au registre : ces feuilles particulières serviront de pièces justificatives pour établir la recette.

Ces registres seront vérifiés et arrêtés par les conseils d'administration, de même que tous les autres registres du corps, et en présence des officiers chargés des détails.

Les conseils d'administration des trois corps de la garde municipale feront établir sur-le-champ le décompte de cette masse et de celle des travailleurs ; ce décompte devra être achevé pour le 1.er frimaire au plus tard.

Il sera établi de la manière suivante :

Premier Régiment.

La recette de la première portion depuis le 1.er vendémiaire an 12 jusqu'au 1.er vendémiaire an 14, se monte, d'après la déclaration du conseil d'administration, à seize mille six cent cinquante-neuf francs vingt centimes.. 16,659ᶠ 20ᶜ

Sur laquelle somme il a été remis aux soldats faisant le service, douze mille neuf cent quatre-vingt-dix-sept francs quatre-vingt-seize centimes....................... 12,997. 96.

Reste par conséquent à distribuer aux soldats, sur la première portion, la somme de trois mille six cent soixante-un francs vingt-quatre centimes........................ 3,661. 24.

laquelle somme le conseil d'administration fera distribuer sur-le-champ aux sous-officiers et soldats.

C'est aux membres qui composent ce conseil à répondre des fonds qui leur sont confiés. S'ils ont à se plaindre des officiers qu'ils ont chargé des détails, il leur est ordonné d'en porter plainte et de les faire poursuivre ; mais préalablement ils aviseront aux moyens d'exécuter le présent ordre, et ils feront ensorte que cette somme de trois mille six cent soixante-un francs vingt-quatre centimes soit distribuée aux sous-officiers et soldats d'ici au 1.ᵉʳ frimaire.

La seconde portion de cette masse s'élève pendant le même espace de temps à une somme égale de seize mille six cent cinquante-neuf francs vingt centimes.

D'après la déclaration et les états fournis par le conseil, il a été rendu à d'autres régimens pour service fait conjointement avec le corps.. 3,640ᶠ 10ᶜ

Payé pour des réparations aux casernes et autres dépenses..................... 1,938. 14.

Total cinq mille cinq cent soixante-dix-huit francs vingt-quatre centimes........... 5,578. 24.

Qui, retranchés de la recette générale, donnent un reste de onze mille quatre-vingts francs quatre-vingt-seize centimes.

L'article 45 du titre IX de l'arrêté du 12 vendémiaire an 11, porte ce qui suit :

« La moitié de la rétribution déterminée par le préfet de police sera donnée à celui ou ceux qui auront » fait ledit service, et l'autre moitié sera répartie de six mois en six mois entre les sous-officiers et soldats » de la totalité de la garde municipale au prorata de leur solde. »

D'après cela, la somme de onze mille quatre-vingts francs quatre-vingt-seize centimes devrait être répartie entre tous les sous-officiers et soldats de la garde municipale ; mais comme le conseil d'administration a employé cette somme pour l'usage des sous-officiers et soldats en leur achetant des pantalons, il est permis au conseil d'affecter cette somme au paiement de ces objets ; bien entendu pourtant que, pour tout ce qui pourrait être dû au-delà de cette somme, les membres du conseil d'administration en répondront, puisque d'après l'arrêté ci-dessus cité, je ne puis souffrir davantage qu'il ne soit pas exécuté, et que depuis le 1.ᵉʳ vendémiaire il n'est plus permis de rien distraire de cette masse.

Deuxième Régiment.

La masse des spectacles et postes salariés a commencé le 12 brumaire an 12, et a produit une recette de vingt-quatre mille deux cent quatre-vingt-deux francs vingt-deux centimes, ce qui fait douze mille cent quarante-un francs onze centimes pour la première portion, et une somme pareille pour la seconde.

La première portion a été distribuée exactement aux sous-officiers et soldats.

Sur la seconde portion, quatre mille six cent soixante-neuf francs quarante-deux centimes ont été employés à des achats de vin, réparations à l'habillement, achats de sabres, &c.

Pour la dernière fois ces dépenses sont approuvées ; mais les membres du conseil sont prévenus qu'ils sont personnellement responsables de l'exécution de l'article cité ci-dessus, de l'arrêté du Gouvernement.

Ainsi, retranchant de la somme totale de douze mille cent quarante-un francs onze centimes. 12,141ᶠ 11ᶜ

Celle de quatre mille six cent soixante-neuf fr. quarante-deux cent.ᵉˢ qui est allouée en dépense 4,669. 42.

Il reste à répartir la somme de sept mille quatre cent soixante-onze fr. soixante-neuf cent.ᵉˢ.. 7,471. 69.

à la totalité des sous-officiers et soldats des trois corps de la garde municipale.

Il est ordonné au Général commandant la garnison, de faire répartir cette somme sur-le-champ aux sous-officiers et soldats de cette garde, au prorata de leur solde, aux termes de l'article cité ci-dessus.

Dragons municipaux.

Les dragons de la garde de Paris recevront de suite du conseil d'administration de leur corps, la somme de deux cent soixante francs, prélevée par lui sur la première portion de la masse des spectacles, pour frais de bureaux, ce qui est tout-à-fait illégal.

Il y a un grand conseil d'administration chargé de rendre compte à S. M. l'Empereur, de la situation de l'administration des régimens de la garde de Paris, et des abus de tout genre qui s'y sont introduits. Les conseils sont prévenus qu'ils répondront de tout ce qui serait trouvé contraire aux réglemens militaires, et aux décrets et lois relatifs au service.

La somme provenant des travailleurs est mal administrée : sous aucun prétexte, on ne doit toucher à cette masse, qui doit être distribuée exactement aux sous-officiers et soldats qui font le service pour leurs camarades. Il est enjoint aux colonels de faire ensorte que cette distribution soit faite à chaque prêt. Sous aucun prétexte, il ne doit être rien distrait de cette masse. Les sommes en provenant doivent tourner entièrement au profit des sous-officiers et soldats.

Il est enjoint aux conseils d'administration des trois corps de suivre strictement les réglemens en usage pour l'administration des corps de l'armée, quant à l'habillement et à tout ce qui ne serait pas contraire à l'arrêté de formation de la garde municipale.

Il est temps que les abus cessent et que l'ordre se rétablisse. L'Empereur est instruit de l'état actuel de l'administration des régimens de la garde municipale; les punitions et les éloges ne tarderont pas à arriver à ceux qui méritent les uns ou les autres.

Les colonels de toute arme de la garnison sont prévenus que, sous aucun prétexte que ce soit, il ne sera rien changé aux décrets et réglemens militaires, parce que ce n'est pas en mon pouvoir; et ils doivent veiller à ce que les ordres sur les retenues soient exécutés scrupuleusement. Il ne peut y en avoir d'autres que celles ordonnées par les réglemens ou par un décret de l'Empereur. Lorsqu'il sera nécessaire d'en faire établir de nouvelles, j'en ferai volontiers la demande à S. M., mais il faut auparavant que la né-essité m'en soit bien démontrée, et que toutes celles qui ont eu lieu jusqu'ici aient cessé et que le décompte en soit fait.

Je sais que dans quelques corps de la garnison, l'on a annoncé que les décomptes ont été faits, tandis que cela n'est pas encore exécuté. A l'avenir tout officier qui fera de faux rapports, sera suspendu de ses fonctions, et il en sera rendu compte au Gouvernement : on ne doit point souffrir de légèreté ni de plaisanteries dans le service.

Le Général commandant la garnison ordonnera les arrêts de rigueur aux colonels qui n'auraient pas exécuté l'ordre du 21 vendémiaire, qui devait l'être dès le 1.er de ce mois. On n'admettra aucune excuse dans la non exécution des ordres.

La masse de linge et chaussure ne doit pas excéder la somme fixée par les réglemens.

Il est défendu de retenir le sou de grenade aux compagnies de voltigeurs, sous quelque prétexte que ce soit. J'apprends que, malgré l'ordre formel que j'en ai donné, il existe des retenues depuis le 1.er brumaire, dans les compagnies de voltigeurs du douzième régiment : ces retenues cesseront dès aujourd'hui, et le montant en sera rendu aux chasseurs. Le Général commandant la garnison ordonnera les arrêts de rigueur au chef du corps pour avoir toléré cette désobéissance formelle.

A l'exception de la garde municipale, tous les sous-officiers et soldats des régimens de la garnison qui recevront des *indemnités* quelconques pour un service salarié, les toucheront chaque jour des mains du chef du poste. Il est défendu d'en rien retenir et d'y toucher. Les sommes provenant de ce genre de service appartiennent en totalité à ceux qui le font.

Tous les ordres généraux expédiés aux chefs de corps, seront mis en entier, par eux, à l'ordre de leur régiment; ils les certifieront conformes, et veilleront à ce qu'ils soient lus à l'appel dans chaque compagnie assemblée, conformément aux réglemens.

Les ordres généraux dans lesquels il est question de l'administration de la garde municipale, seront adressés, par le Chef de l'état-major général, à M. le Conseiller d'état Préfet de la Seine. Il lui adressera de suite tous ceux donnés depuis le 1.er vendémiaire an 14.

Signé LOUIS BONAPARTE.

Le Général de Division commandant les troupes de la Garnison de Paris,

BROUSSIER.

Pour copie conforme :

L'Adjudant-commandant, Chef de l'État-major,

DOUCET.

GOUVERNEMENT DE PARIS.
ÉTAT-MAJOR DE LA GARNISON.

ORDRE du 26 Brumaire an 14.

SERVICE DE L'ÉTAT-MAJOR DE LA GARNISON.

Du 26 au 27 Brumaire.

Adjudant de Place de service à l'État-major......................... VIART.
Adjudant de Place de ronde de nuit.............................. VILLERS.

Visite aux Casernes, Prisons, Hôpital, et distribution de fourrages.

Rive droite de la Seine : le Capitaine-Adjudant de Place.............. VILLERS.
Rive gauche : le Capitaine-Adjudant de Place....................... GRAILLARD.

Du 27 au 28 Brumaire.

Adjudant de Place de service à l'État-major......................... COTEAU.
Adjudant de Place de ronde de nuit.............................. GRAILLARD.

Visite aux Casernes, Prisons, Hôpital, et distribution de fourrages.

Rive droite de la Seine : le Capitaine-Adjudant de Place................ GRAILLARD.
Rive gauche : le Capitaine-Adjudant de Place....................... VIART.

Rien de nouveau.

Le Général de Division commandant les troupes de la Garnison de Paris;

BROUSSIER.

Pour copie conforme :

L'Adjudant-commandant, Chef de l'État-major,

DOUCET.

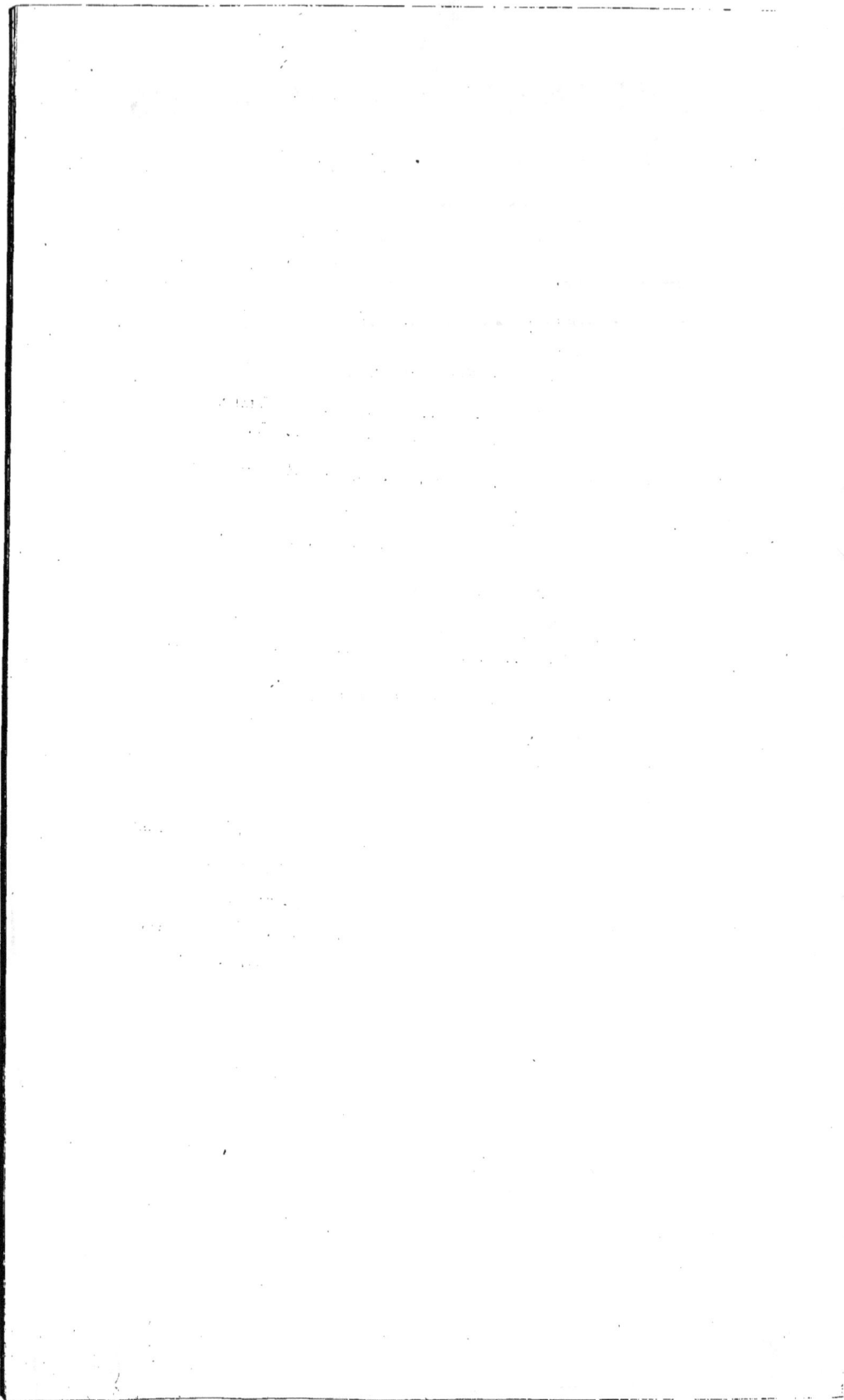

GOUVERNEMENT DE PARIS.
ÉTAT-MAJOR DE LA GARNISON.

ORDRE du 27 Brumaire an 14.

SERVICE DE L'ÉTAT-MAJOR DE LA GARNISON.

Du 27 au 28 Brumaire.

Adjudant de Place de service à l'État-major........................ COTEAU.
Adjudant de Place de ronde de nuit............................... GRAILLARD.

Visite aux Casernes, Prisons, Hôpital, et distribution de fourrages.

Rive droite de la Seine : le Capitaine-Adjudant de Place.............. GRAILLARD.
Rive gauche : le Capitaine-Adjudant de Place...................... VIART.

Du 28 au 29 Brumaire.

Adjudant de Place de service à l'État-major........................ CORDIEZ.
Adjudant de Place de ronde de nuit................................ VIART.

Visite aux Casernes, Prisons, Hôpital, et distribution de fourrages.

Rive droite de la Seine : le Capitaine-Adjudant de Place.............. VIART.
Rive gauche : le Capitaine-Adjudant de Place...................... COTEAU.

Rien de nouveau.

Le Général de Division commandant les troupes de la Garnison de Paris,
BROUSSIER.

Pour copie conforme :

L'Adjudant-commandant, Chef de l'État-major,
DOUCET.

GOUVERNEMENT DE PARIS.
ÉTAT-MAJOR DE LA GARNISON.

ORDRE du 28 Brumaire an 14.

SERVICE DE L'ÉTAT-MAJOR DE LA GARNISON.

Du 28 au 29 Brumaire.

Adjudant de Place de service à l'État-major......................... CORDIEZ.
Adjudant de Place de ronde de nuit................................. VIART.

Visite aux Casernes, Prisons, Hôpital, et distribution de fourrages.

Rive droite de la Seine : le Capitaine-Adjudant de Place................ VIART.
Rive gauche : le Capitaine-Adjudant de Place........................ COTEAU.

Du 29 au 30 Brumaire.

Adjudant de Place de service à l'État-major......................... CARON.
Adjudant de Place de ronde de nuit................................. COTEAU.

Visite aux Casernes, Prisons, Hôpital, et distribution de fourrages.

Rive droite de la Seine : le Capitaine-Adjudant de Place.............. COTEAU.
Rive gauche : le Capitaine-Adjudant de Place........................ CORDIEZ.

Rien de nouveau.

Le Général de Division commandant les troupes de la Garnison de Paris,
BROUSSIER.

Pour copie conforme :

L'Adjudant-commandant, Chef de l'État-major,
DOUCET.

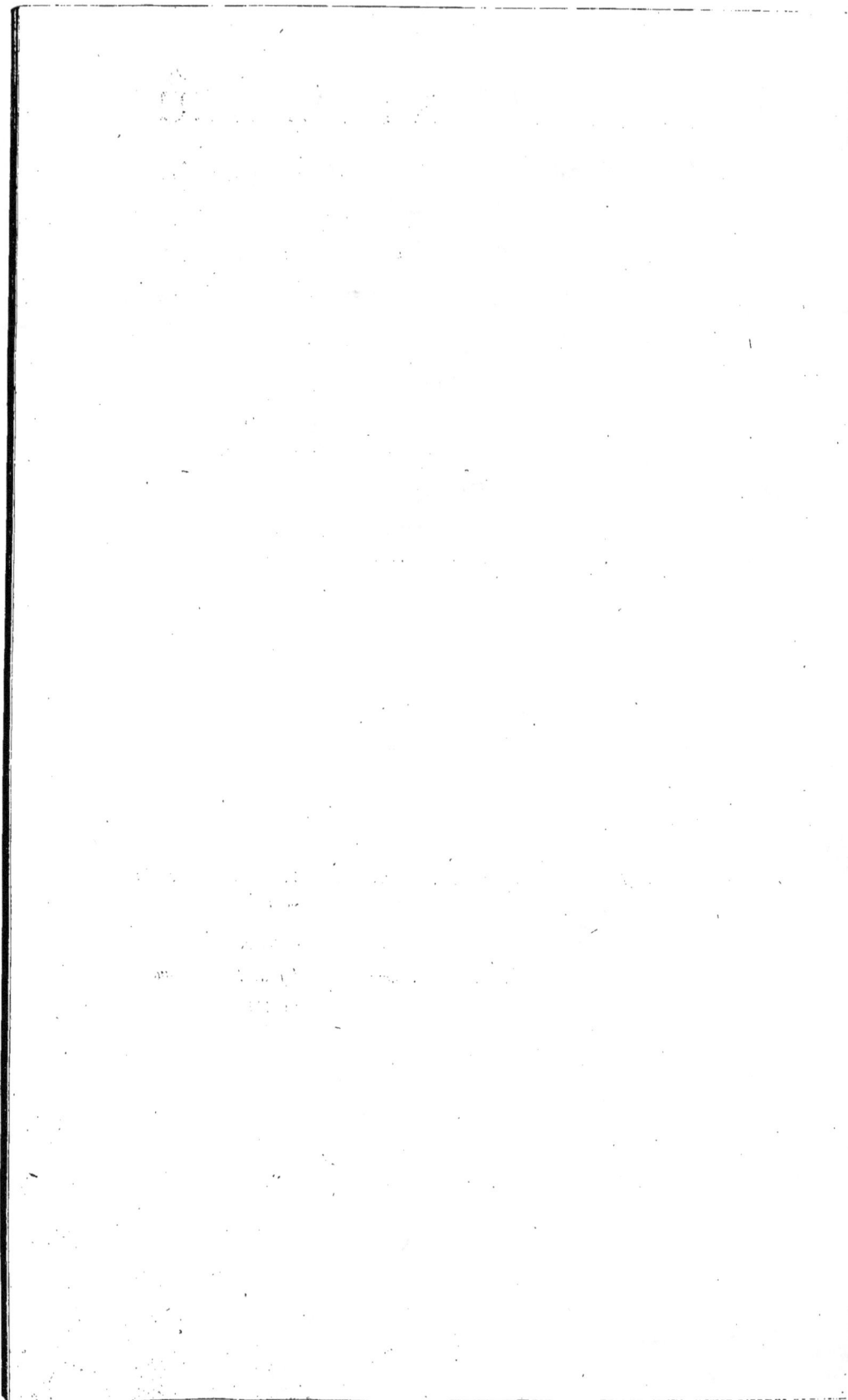

GOUVERNEMENT DE PARIS.

ÉTAT-MAJOR DE LA GARNISON.

ORDRE du 29 Brumaire an 14.

SERVICE DE L'ÉTAT-MAJOR DE LA GARNISON.

Du 29 au 30 Brumaire.

Adjudant de Place de service à l'État-major............................ CARON.

Adjudant de Place de ronde de nuit................................. COTEAU.

Visite aux Casernes, Prisons, Hôpital, et distribution de fourrages.

Rive droite de la Seine : le Capitaine-Adjudant de Place.............. COTEAU.

Rive gauche : le Capitaine-Adjudant de Place....................... CORDIEZ.

Du 30 Brumaire au 1.er Frimaire.

Adjudant de Place de service à l'État-major....................... VILLERS.

Adjudant de Place de ronde de nuit............................. CORDIEZ.

Visite aux Casernes, Prisons, Hôpital, et distribution de fourrages.

Rive droite de la Seine : le Capitaine-Adjudant de Place.............. CORDIEZ.

Rive gauche : le Capitaine-Adjudant de Place...................... CARON.

ORDRE GÉNÉRAL.

Les troupes composant la Garnison de Paris sont prévenues qu'elles se trouvent, dès aujourd'hui, sous les ordres du Général de brigade *Charlot*: le Général de division *Broussier*, étant nommé Chef de l'Etat-major général de l'armée du Nord, quitte provisoirement le commandement des troupes de la Garnison. L'Adjudant commandant *Borrel* est employé, sous les ordres du Général *Charlot*, comme Chef de l'État-major de la Garnison, en remplacement de l'Adjudant commandant *Doucet*, employé à l'État-major général de l'armée du Nord.

M. le Conseiller d'état, Préfet de la Seine, sera invité par M. le Chef de l'État-major général à faire renouveler, dans le mois de janvier 1806, les Conseils d'administration de la garde municipale et les Capitaines d'habillement, et à faire régler le taux de l'habillement à un prix raisonnable et conforme à l'arrêté du 8 floréal sur l'administration des troupes.

L'Adjudant-commandant, Chef de l'État-major des troupes de la Garnison est chargé de l'exécution de l'Ordre du 25, relativement à l'administration de la masse des spectacles et postes salariés; il prendra les mesures nécessaires pour que cette masse soit sévèrement administrée, conformément à l'arrêté de formation dans chacun des trois corps de la garde municipale.

Il veillera également à ce qu'il n'y ait point de masse de travailleurs dans ces corps. Les hommes auxquels on accordera la permission de travailler en ville, paieront à leurs camarades neuf francs par mois, laquelle somme sera distribuée à la compagnie, à chaque prêt, à raison d'un franc 50 centimes chaque fois, par le Sergent-major ou Maréchal-des-logis chef.

Les corps de la garde municipale subiront, ainsi qu'il a été ordonné, une retenue de cinq centimes pour l'infanterie, et huit centimes pour les dragons, ainsi que tous les corps de l'armée pour la masse de linge et chaussure. Cette masse, qui a dû commencer au 1.er vendémiaire an 14, sera continuée sans interruption ; elle sera administrée ainsi que le prescrivent les réglemens militaires en usage dans les troupes de l'armée.

L'Adjudant-commandant, Chef d'État-major des troupes de la Garnison, prendra les mesures nécessaires pour s'assurer s'il est vrai que, dans le premier régiment de la garde municipale, on ait fait payer des congés. Tout Officier qui se serait rendu coupable d'une faute aussi grave, sera sévèrement puni. Les Colonels sont personnellement responsables de toute retenue qui n'est pas ordonnée par les réglemens ni par des ordres supérieurs.

Les quatrième et dixième demi-brigades de Vétérans sont administrées d'une manière bien différente : on n'a que des éloges à donner à la bonne administration, à l'ordre, à la clarté qui règnent dans la comptabilité du dixième régiment de Vétérans. Cet avantage est dû au zèle et aux talens du Général *Duplessis*.

Le quatrième régiment a son administration très-mal en ordre : le Conseil d'administration et le Colonel sont coupables de négligence, et seront sévèrement punis si le désordre continue encore.

Le Sous-inspecteur aux revues *Brémond* est chargé de faire établir la masse des spectacles et postes salariés, et celle des travailleurs, conformément à l'Ordre du 25 brumaire et à celui de ce jour ; elles seront établies de cette manière à commencer du 1.er vendémiaire an 14.

L'Officier chargé de la musique de ce régiment cessera d'être chargé de ce détail ; le Quartier-maître administrera cette masse sous les yeux du Conseil d'administration.

Louis BONAPARTE.

Pour copie conforme :

Le Général de Brigade commandant les troupes de la Garnison de Paris,
CHARLOT.

Pour copie conforme :

L'Adjudant-commandant, Chef de l'État-major,
DOUCET.

SUPPLÉMENT à l'Ordre général du 29 Brumaire an 14.

A Dater du 1.ᵉʳ frimaire, il sera établi dans tous les corps de la garnison de Paris, des livrets supplémentaires pour chaque sous-officiers et soldat ; on inscrira sur ces livrets les sommes provenant des rétributions des spectacles, celles provenant des travailleurs, et généralement les sommes résultant de tout service payé aux soldats.

Ce livret sera tenu comme celui destiné à la masse de linge et chaussure.

Tout service payé, toute gratification, tout ce qui proviendra des travailleurs, sera inscrit sur ce livret.

Chaque inscription portera le lieu où le corps se trouve, et désignera le jour du mois où le service a été fait; l'année sera écrite en caractères distincts au haut de la page ; un côté du livret sera destiné à l'inscription de la cause de toute rétribution ou gratification, de la manière qu'il vient d'être dit ci-dessus ; l'autre côté sera destiné à inscrire de la même manière la date et la manière dont la somme aura été payée à chaque sous-officier et soldat.

Chaque inscription sera écrite en toutes lettres et en chiffres, sans abréviation ni ratures, et très-lisiblement; elle sera signée par le Sergent-major ou Maréchal-des-logis-chef.

Chaque Capitaine passera tous les mois la visite des livrets de la compagnie, et les visera. Il rendra compte de cette visite par écrit à son Colonel.

Les Colonels désigneront le jour de cette visite par l'Ordre du régiment ; ils devront, chaque trimestre, s'assurer de la tenue de ces livrets, de l'exactitude des détails qu'ils contiennent, de la même manière et en même temps qu'ils passeront la revue de linge et chaussure, conformément aux réglemens.

Les Colonels donneront aux sous-officiers et soldats la permission de leur adresser, sur le terrain, toutes les réclamations qu'ils auraient à faire, et ils y feront droit à l'instant même.

Les Colonels rendront compte du résultat de cette revue, dans le jour même, au Général sous les ordres duquel ils se trouveront.

Ces livrets auront lieu à dater du 1.ᵉʳ frimaire; les Colonels, en les faisant établir, les commenceront par une inscription qu'ils signeront eux-mêmes, constatant le résultat du décompte prescrit par l'Ordre général du 21 vendémiaire.

Les Colonels sont prévenus que ce ne sera qu'après l'exécution du présent Ordre, qu'on prendra en considération l'insuffisance de la masse de linge et chaussure prescrite par les réglemens.

Le Général *Charlot* est chargé de l'exécution de cet Ordre.

Signé **Louis BONAPARTE.**

Pour copie conforme :

Le Général de Brigade commandant les troupes de la Garnison de Paris,

CHARLOT.

Pour copie conforme :

L'Adjudant-commandant, Chef de l'État-major ;

DOUCET.

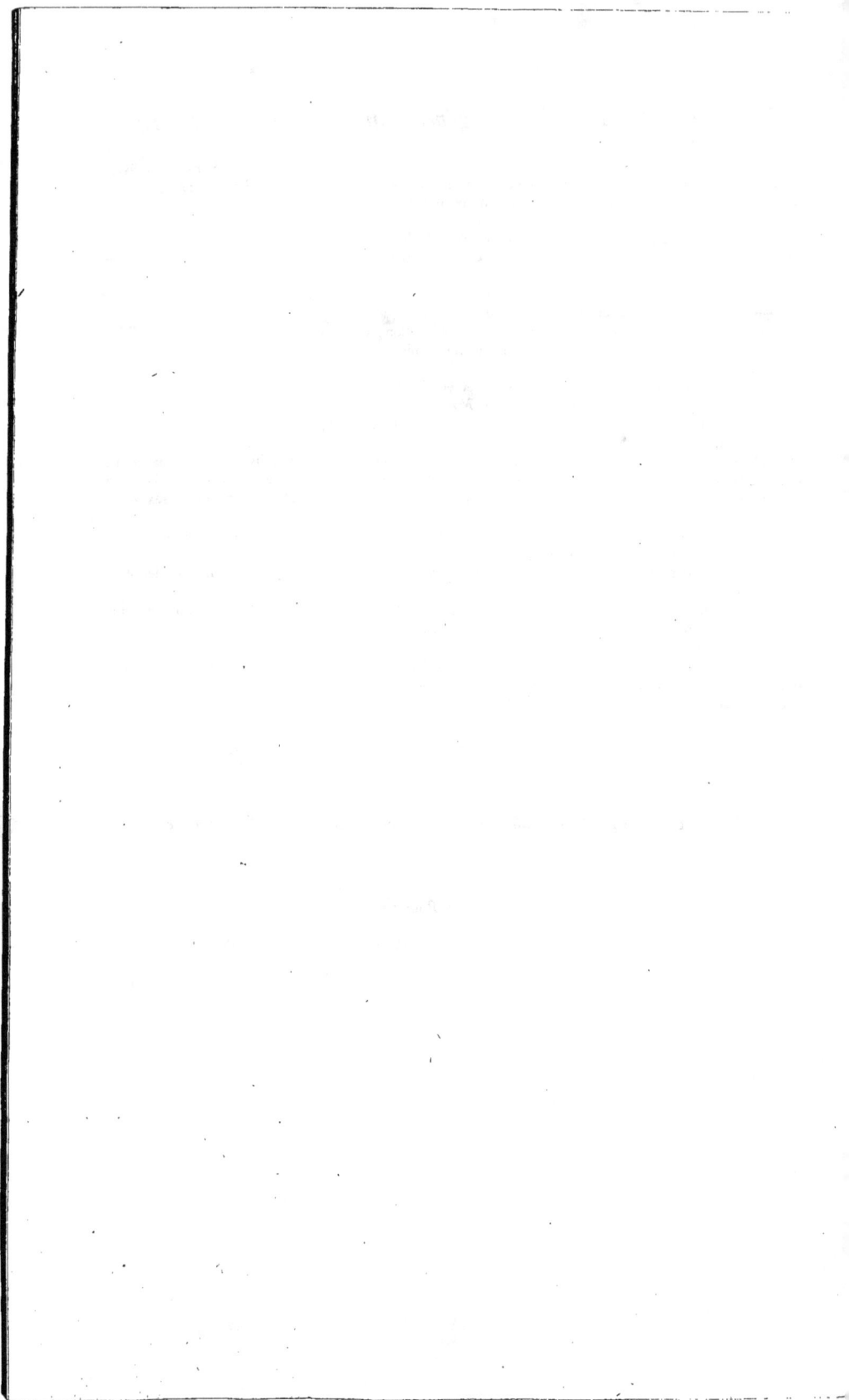

GOUVERNEMENT DE PARIS.
ÉTAT-MAJOR DE LA GARNISON.

ORDRE du 30 Brumaire an 14.

SERVICE DE L'ÉTAT-MAJOR DE LA GARNISON.

Du 30 Brumaire au 1.er Frimaire.

Adjudant de Place de service à l'État-major........................ VILLERS.
Adjudant de Place de ronde de nuit............................. CORDIEZ.

Visite aux Casernes, Prisons, Hôpital, et distribution de fourrages.

Rive droite de la Seine : le Capitaine-Adjudant de Place............... CORDIEZ.
Rive gauche : le Capitaine-Adjudant de Place........................ CARON.

Du 1.er au 2 Frimaire.

Adjudant de Place de service à l'État-major........................ GRAILLARD.
Adjudant de Place de ronde de nuit............................. CARON.

Visite aux Casernes, Prisons, Hôpital, et distribution de fourrages.

Rive droite de la Seine : le Capitaine-Adjudant de Place.............. CARON.
Rive gauche : le Capitaine-Adjudant de Place........................ VILLERS.

Rien de nouveau.

Le Général de Brigade commandant les troupes de la Garnison de Paris,
CHARLOT.

Pour copie conforme :
L'Adjudant-commandant, Chef de l'État-major,
BORREL.

GOUVERNEMENT DE PARIS.

ÉTAT-MAJOR DE LA GARNISON.

ORDRE du 1.er Frimaire an 14.

SERVICE DE L'ÉTAT-MAJOR DE LA GARNISON.

Du 1.er au 2 Frimaire.

Adjudant de Place de service à l'État-major........................ GRAILLARD.

Adjudant de Place de ronde de nuit............................. CARON.

Visite aux Casernes, Prisons, Hôpital, et distribution de fourrages.

Rive droite de la Seine : le Capitaine-Adjudant de Place.............. CARON.

Rive gauche : le Capitaine-Adjudant de Place....................... VILLERS.

Du 2 au 3 Frimaire.

Adjudant de Place de service à l'État-major........................ SANSON.

Adjudant de Place de ronde de nuit.............................. VILLERS.

Visite aux Casernes, Prisons, Hôpital, et distribution de fourrages.

Rive droite de la Seine : le Capitaine-Adjudant de Place............... VILLERS.

Rive gauche : le Capitaine-Adjudant de Place....................... GRAILLARD.

ORDRE GÉNÉRAL.

Rien de nouveau.

Le Général de Brigade commandant les troupes de la Garnison de Paris,
CHARLOT.

Pour copie conforme :

L'Adjudant-commandant, Chef de l'État-major,
BORREL.

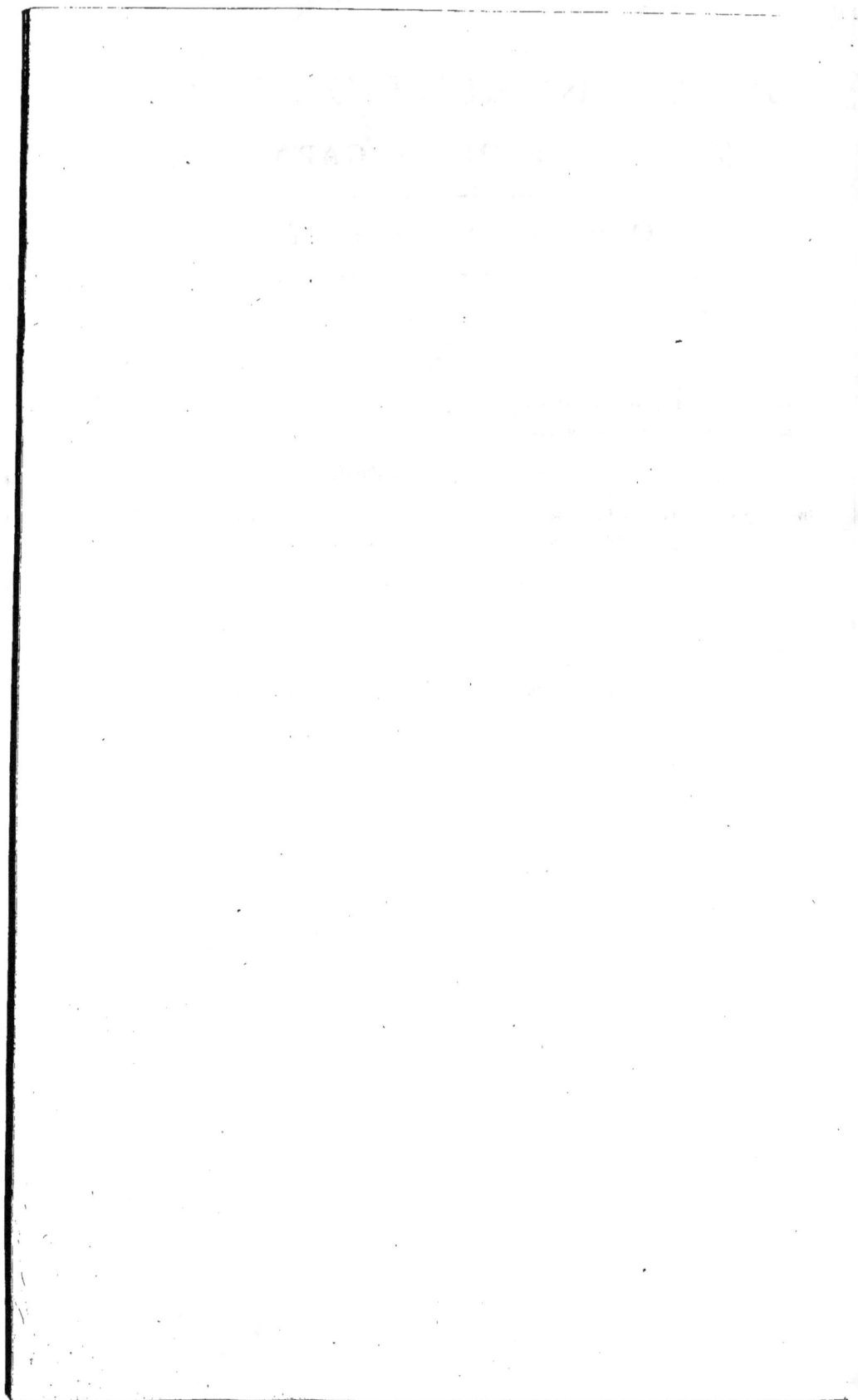

GOUVERNEMENT DE PARIS.

ÉTAT-MAJOR DE LA GARNISON.

ORDRE du 2 Frimaire an 14.

SERVICE DE L'ÉTAT-MAJOR DE LA GARNISON.

Du 2 au 3 Frimaire.

Adjudant de Place de service à l'État-major.......................... SANSON.
Adjudant de Place de ronde de nuit.............................. VILLERS.

Visite aux Casernes, Prisons, Hôpital, et distribution de fourrages.

Rive droite de la Seine : le Capitaine-Adjudant de Place................ VILLERS.
Rive gauche : le Capitaine-Adjudant de Place........................ GRAILLARD.

Du 3 au 4 Frimaire.

Adjudant de Place de service à l'État-major.......................... COTEAU.
Adjudant de Place de ronde de nuit.............................. GRAILLARD.

Visite aux Casernes, Prisons, Hôpital, et distribution de fourrages.

Rive droite de la Seine : le Capitaine-Adjudant de Place............... GRAILLARD.
Rive gauche : le Lieutenant-Adjudant de Place....................... SANSON.

Rien de nouveau.

Le Général de Brigade commandant les troupes de la Garnison de Paris,

CHARLOT.

Pour copie conforme :

L'Adjudant-commandant, Chef de l'État-major,

BORREL.

GOUVERNEMENT DE PARIS,
ÉTAT-MAJOR DE LA GARNISON.

ORDRE du 3 Frimaire an 14.

SERVICE DE L'ÉTAT-MAJOR DE LA GARNISON.

Du 3 au 4 Frimaire.

Adjudant de Place de service à l'État-major......................... COTEAU.
Adjudant de Place de ronde de nuit.............................. GRAILLARD.

Visite aux Casernes, Prisons, Hôpital, et distribution de fourrages.

Rive droite de la Seine : le Capitaine-Adjudant de Place.............. GRAILLARD.
Rive gauche : le Lieutenant-Adjudant de Place...................... SANSON.

Du 4 au 5 Frimaire.

Adjudant de Place de service à l'État-major......................... CORDIEZ.
Adjudant de Place de ronde de nuit.............................. SANSON.

Visite aux Casernes, Prisons, Hôpital, et distribution de fourrages.

Rive droite de la Seine : le Lieutenant-Adjudant de Place.............. SANSON.
Rive gauche : le Capitaine-Adjudant de Place...................... COTEAU.

ORDRE GÉNÉRAL.

Les troupes de la Garnison sont prévenues que sa Majesté ayant nommé M. *Dubreton* Commissaire-ordonnateur en chef de l'armée du Nord, il sera momentanément remplacé, dans l'exercice de ses fonctions de Commissaire-ordonnateur à Paris, par le Commissaire-ordonnateur *Sartelon*.

Le Général de Brigade Chef de l'État-major général du Gouvernement de Paris et de la première Division militaire ,

CÉSAR BERTHIER.

Le Général de Brigade commandant les troupes de la Garnison de Paris ,

CHARLOT.

Pour copie conforme :

L'Adjudant-commandant, Chef de l'État-major,

BORREL.

GOUVERNEMENT DE PARIS.
ÉTAT-MAJOR DE LA GARNISON.

ORDRE du 4 Frimaire an 14.

SERVICE DE L'ÉTAT-MAJOR DE LA GARNISON.

Du 4 au 5 Frimaire.

Adjudant de Place de service à l'État-major......................... CORDIEZ.

Adjudant de Place de ronde de nuit............................... SANSON.

Visite aux Casernes, Prisons, Hôpital, et distribution de fourrages.

Rive droite de la Seine : le Lieutenant-Adjudant de Place............,,.. SANSON.

Rive gauche : le Capitaine-Adjudant de Place........................ COTEAU.

Du 5 au 6 Frimaire.

Adjudant de Place de service à l'État-major......................... CARON.

Adjudant de Place de ronde de nuit............................... COTEAU.

Visite aux Casernes, Prisons, Hôpital, et distribution de fourrages.

Rive droite de la Seine : le Capitaine-Adjudant de Place.............. COTEAU.

Rive gauche : le Capitaine-Adjudant de Place........................ CORDIEZ.

Rien de nouveau.

Le Général de Brigade commandant les troupes de la Garnison de Paris,
CHARLOT.

Pour copie conforme :

L'Adjudant-commandant, Chef de l'État-major,
BORREL.

GOUVERNEMENT DE PARIS.

ÉTAT-MAJOR DE LA GARNISON.

ORDRE du 5 Frimaire an 14.

SERVICE DE L'ÉTAT-MAJOR DE LA GARNISON.

Du 5 au 6 Frimaire.

Adjudant de Place de service à l'État-major......................... CARON.

Adjudant de Place de ronde de nuit................................ COTEAU.

Visite aux Casernes, Prisons, Hôpital, et distribution de fourrages.

Rive droite de la Seine : le Capitaine-Adjudant de Place.............. COTEAU.

Rive gauche : le Capitaine-Adjudant de Place....................... CORDIEZ.

Du 6 au 7 Frimaire.

Adjudant de Place de service à l'État-major......................... VILLERS.

Adjudant de Place de ronde de nuit................................ CORDIEZ.

Visite aux Casernes, Prisons, Hôpital, et distribution de fourrages.

Rive droite de la Seine : le Capitaine-Adjudant de Place.............. CORDIEZ.

Rive gauche : le Capitaine-Adjudant de Place....................... CARON.

ORDRE GÉNÉRAL du 5 Frimaire an 14.

Les succès de la grande Armée ont passé nos espérances : en 15 jours l'armée autrichienne a été détruite ; et le 22 brumaire, 40 jours après le passage du Rhin, S. M. l'Empereur et Roi est entré à Vienne. Les quatre derniers Bulletins sont arrivés à-la-fois ; les trois derniers sont datés du Palais de l'Empereur d'Autriche. Ces Bulletins, trop intéressans pour être analysés, ne pouvant être transcrits à l'ordre, seront distribués à tous les Corps en nombre suffisant. Les troupes verront avec admiration le combat de Dirnstein, où des détachemens des 4.e, 12.e, 32.e, 100.e et 103.e Régimens d'Infanterie de ligne, du 9.e d'Infanterie légère et du 4.e de Dragons, au nombre de 4,000, ont tenu tête à 30,000 Russes, qui, non-seulement n'ont pu forcer la ligne française, mais ont perdu 4,000 hommes, des drapeaux et 1,300 prisonniers.

Depuis le passage de l'Inn, 10,000 Russes ou Autrichiens ont été faits prisonniers ; plus de deux mille bouches à feu prises. La Capitale et la plus grande partie des États de la Maison d'Autriche sont occupées par les Armées françaises.

Soldats ! puisque nous ne pouvons partager les travaux et la gloire de nos camarades, partageons leurs sentimens et l'alégresse qu'inspirent à tout Français des événemens si importans, si glorieux, qui assurent à jamais la gloire et le bonheur de notre pays.

Signé LOUIS BONAPARTE.

Pour copie conforme :

Le Général de Brigade Chef de l'État-major général du Gouvernement de Paris et de la première Division militaire,

CÉSAR BERTHIER.

Le Général de Brigade commandant les troupes de la Garnison de Paris,

CHARLOT.

Pour copie conforme :

L'Adjudant-commandant, Chef de l'État-major,

BORREL.

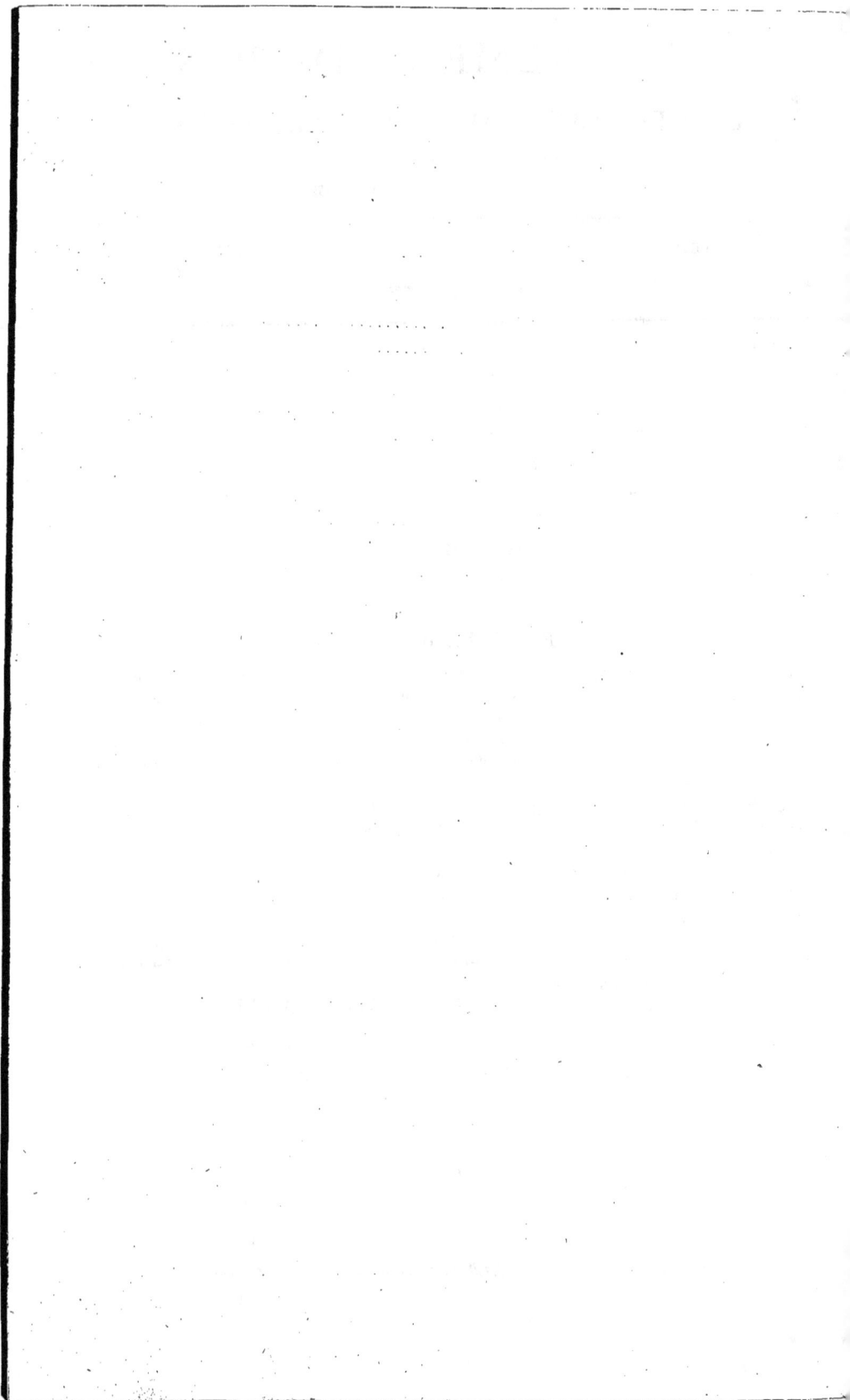

GOUVERNEMENT DE PARIS.

ÉTAT-MAJOR DE LA GARNISON.

ORDRE du 6 Frimaire an 14.

SERVICE DE L'ÉTAT-MAJOR DE LA GARNISON.

Du 6 au 7 Frimaire.

Adjudant de Place de service à l'État-major......................... VILLERS.
Adjudant de Place de ronde de nuit.............................. CORDIEZ.

Visite aux Casernes, Prisons, Hôpital, et distribution de fourrages.

Rive droite de la Seine : le Capitaine-Adjudant de Place............... CORDIEZ.
Rive gauche : le Capitaine-Adjudant de Place........................ CARON.

Du 7 au 8 Frimaire.

Adjudant de Place de service à l'État-major......................... GRAILLARD.
Adjudant de Place de ronde de nuit.............................. CARON.

Visite aux Casernes, Prisons, Hôpital, et distribution de fourrages.

Rive droite de la Seine : le Capitaine-Adjudant de Place............... CARON.
Rive gauche : le Capitaine-Adjudant de Place .... VILLERS.

Rien de nouveau.

Le Général de Brigade commandant les troupes de la Garnison de Paris,
CHARLOT.
Pour copie conforme :
L'Adjudant-commandant, Chef de l'État-major,
BORREL.

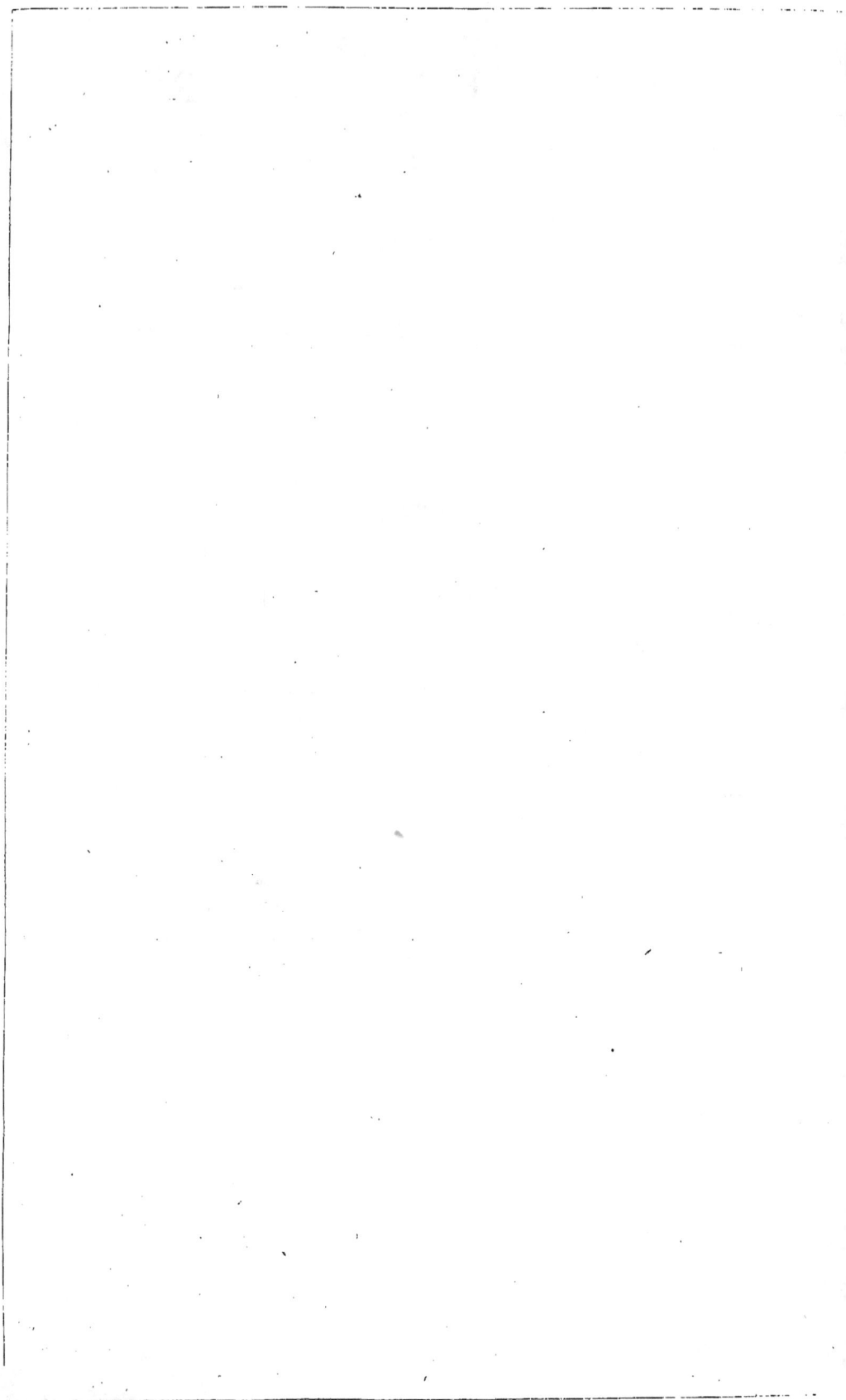

GOUVERNEMENT DE PARIS.

ÉTAT-MAJOR DE LA GARNISON.

ORDRE du 7 Frimaire an 14.

SERVICE DE L'ÉTAT-MAJOR DE LA GARNISON.

Du 7 au 8 Frimaire.

Adjudant de Place de service à l'État-major......................... GRAILLARD.
Adjudant de Place de ronde de nuit.............................. CARON.

Visite aux Casernes, Prisons, Hôpital, et distribution de fourrages.

Rive droite de la Seine : le Capitaine-Adjudant de Place.............. CARON.
Rive gauche : le Capitaine-Adjudant de Place....................... VILLERS.

Du 8 au 9 Frimaire.

Adjudant de Place de service à l'État-major......................... SANSON.
Adjudant de Place de ronde de nuit.............................. VILLERS.

Visite aux Casernes, Prisons, Hôpital, et distribution de fourrages.

Rive droite de la Seine : le Capitaine-Adjudant de Place.............. VILLERS.
Rive gauche : le Capitaine-Adjudant de Place....................... GRAILLARD.

Rien de nouveau.

Le Général de Brigade commandant les troupes de la Garnison de Paris,

CHARLOT.

Pour copie conforme :

L'Adjudant-commandant, Chef de l'État-major,

BORREL.

GOUVERNEMENT DE PARIS.

ÉTAT-MAJOR DE LA GARNISON.

───────────

ORDRE du 8 Frimaire an 14.

═══════════

SERVICE DE L'ÉTAT-MAJOR DE LA GARNISON.

Du 8 au 9 Frimaire.

Adjudant de Place de service à l'État-major......................... SANSON.
Adjudant de Place de ronde de nuit............................... VILLERS.

Visite aux Casernes, Prisons, Hôpital, et distribution de fourrages.

Rive droite de 'la Seine : le Capitaine-Adjudant de Place................ VILLERS.
Rive gauche : le Capitaine-Adjudant de Place........................ GRAILLARD.

Du 9 au 10 Frimaire.

Adjudant de Place de service à l'État-major......................... VIART.
Adjudant de Place de ronde de nuit............................... GRAILLARD.

Visite aux Casernes, Prisons, Hôpital, et distribution de fourrages.

Rive droite de la Seine : le Capitaine-Adjudant de Place............... GRAILLARD.
Rive gauche : le Lieutenant-Adjudant de Place....................... SANSON.

ORDRE GÉNÉRAL.

Les troupes de la Garnison de Paris et de la 1.re Division militaire sont prévenues que, m'absentant pour quelques jours, pour faire une tournée ordonnée par S. M. l'Empereur, le commandement du Gouvernement de Paris et de la 1.re Division militaire est remis, jusqu'à mon retour, au Général de division *Noguès*.

Les parades des jeudi et dimanche se passeront en sa présence. Le Général chef de l'État-major-général et le Général commandant la garnison correspondront immédiatement avec lui, et lui remettront les rapports accoutumés.

Signé LOUIS BONAPARTE.

Le Général de Brigade commandant les troupes de la Garnison de Paris,
CHARLOT.

Pour copie conforme :

L'Adjudant-commandant, Chef de l'État-major,
BORREL.

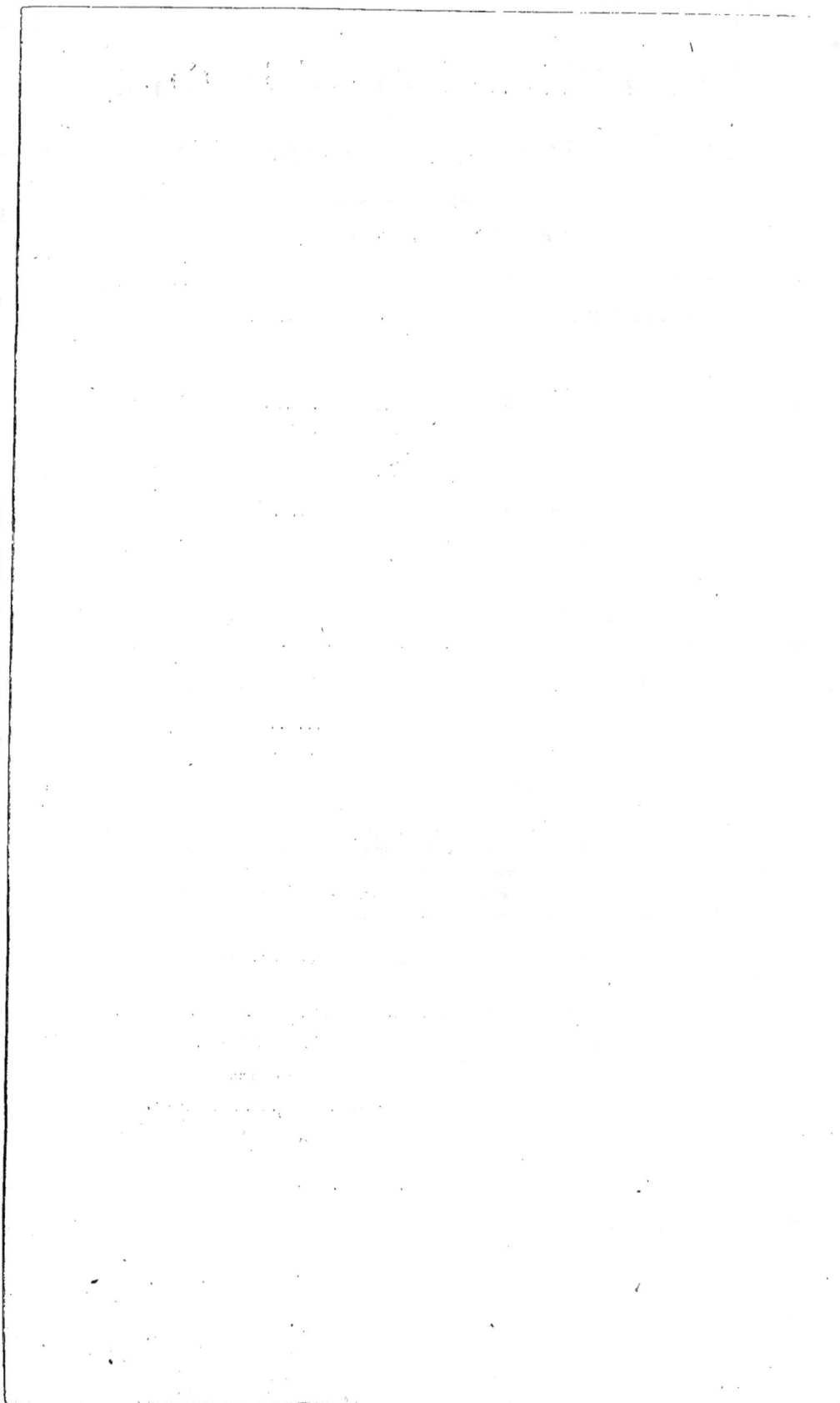

GOUVERNEMENT DE PARIS.

ÉTAT-MAJOR DE LA GARNISON.

ORDRE du 9 Frimaire an 14.

SERVICE DE L'ÉTAT-MAJOR DE LA GARNISON.

Du 9 au 10 Frimaire.

Adjudant de Place de service à l'État-major......................... VIART.
Adjudant de Place de ronde de nuit.............................. GRAILLARD.

Visite aux Casernes, Prisons, Hôpital, et distribution de fourrages.

Rive droite de la Seine : le Capitaine-Adjudant de Place.............. GRAILLARD.
Rive gauche : le Lieutenant-Adjudant de Place...................... SANSON.

Du 10 au 11 Frimaire.

Adjudant de Place de service à l'État-major......................... CORDÌEZ.
Adjudant de Place de ronde de nuit.............................. SANSON.

Visite aux Casernes, Prisons, Hôpital, et distribution de fourrages.

Rive droite de la Seine : le Lieutenant-Adjudant de Place.............. SANSON.
Rive gauche : le Capitaine-Adjudant de Place....................... VIART.

Rien de nouveau.

Le Général de Brigade commandant les troupes de la Garnison de Paris,
CHARLOT.

Pour copie conforme :

L'Adjudant-commandant, Chef de l'État-major,
BORREL.

GOUVERNEMENT DE PARIS.
ÉTAT-MAJOR DE LA GARNISON.

ORDRE du 10 Frimaire an 14.

SERVICE DE L'ÉTAT-MAJOR DE LA GARNISON.

Du 10 au 11 Frimaire.

Adjudant de Place de service à l'État-major......................... CORDIEZ.
Adjudant de Place de ronde de nuit........................... SANSON.

Visite aux Casernes, Prisons, Hôpital, et distribution de fourrages.

Rive droite de la Seine : le Lieutenant-Adjudant de Place.............. SANSON.
Rive gauche : le Capitaine-Adjudant de Place..................... VIART.

Du 11 au 12 Frimaire.

Adjudant de Place de service à l'État-major......................... CARON.
Adjudant de Place de ronde de nuit........................... VIART.

Visite aux Casernes, Prisons, Hôpital, et distribution de fourrages.

Rive droite de la Seine : le Capitaine-Adjudant de Place.............. VIART.
Rive gauche : le Capitaine-Adjudant de Place..................... CORDIEZ.

ORDRE GÉNÉRAL.

ÉTAT des Commissaires des guerres employés dans la 1.re Division militaire.

NOMS.	RÉSIDENCE.	DÉTAIL DONT ILS SONT CHARGÉS.	OBSERVATIONS.
LEFEBVRE-MONTABON.	Paris, rue neuve des Capucines, à l'État-major.	Les états-majors, les conseils de guerre, les détails dudit relatifs aux troupes tant infanterie que cavalerie, le casernement, les maisons d'arrêt de l'Abbaye et de Montaigu, et les transports directs.	
FRADIEL............	*Idem*, rue S.t-Dominique, maison S.t-Joseph.	Les vivres, pain, fourrages, chauffage et éclairage des corps-de-garde, les convois militaires, les transports journaliers de la place, les routes, et la police de la caserne de la rue Rousselet.	
QUILLET, adjoint......	*Idem*.....................	Le paiement de la solde de retraite, et le traitement de réforme dans le departement de la Seine; la police de l'hospice du Val-de-Grâce et des magasins centraux des hôpitaux de pharmacie.	
COLLET.............	A Versailles..............	L'administration de la totalité du département de Seine-et-Oise.	
SAUDEMOMT.........	A Beauvais................	*Idem*, département de l'Oise.	
DESJARDINS.........	A la Fère	*Idem*, département de l'Aisne.	
PÉLIGNY............	A Chartres...............	*Idem*, département d'Eure-et-Loir.	
DESCHETS..........	A Orléans	*Idem*, département du Loiret.	

Le *Général de Brigade Chef de l'État-major général du Gouvernement de Paris*
et de la première Division militaire,

CÉSAR BERTHIER.

Le *Général de Brigade commandant les troupes de la Garnison de Paris,*

CHARLOT.

Pour copie conforme :

L'Adjudant-commandant, Chef de l'État-major,

BORREL.

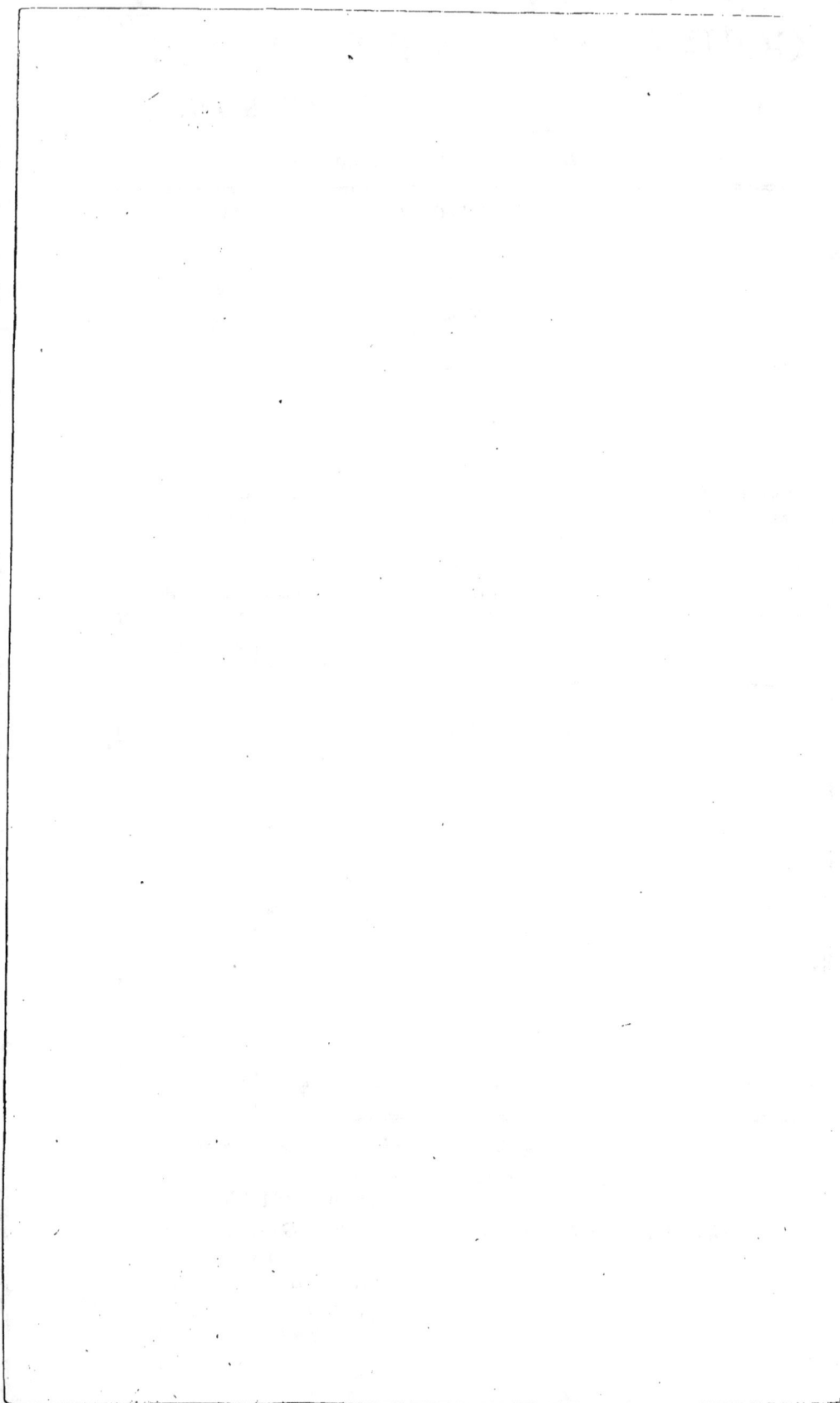

GOUVERNEMENT DE PARIS.
ÉTAT-MAJOR DE LA GARNISON.

ORDRE du 11 Frimaire an 14.

SERVICE DE L'ÉTAT-MAJOR DE LA GARNISON.

Du 11 au 12 Frimaire.

Adjudant de Place de service à l'État-major......................... CARON.
Adjudant de Place de ronde de nuit................................. VIART.

Visite aux Casernes, Prisons, Hôpital, et distribution de fourrages.

Rive droite de la Seine : le Capitaine-Adjudant de Place.............. VIART.
Rive gauche : le Capitaine-Adjudant de Place....................... CORDIEZ.

Du 12 au 13 Frimaire.

Adjudant de Place de service à l'État-major......................... VILLERS.
Adjudant de Place de ronde de nuit................................. CORDIEZ.

Visite aux Casernes, Prisons, Hôpital, et distribution de fourrages.

Rive droite de la Seine : le Capitaine-Adjudant de Place.............. CORDIEZ.
Rive gauche : le Capitaine-Adjudant de Place....................... CARON.

Rien de nouveau.

Le Général de Brigade commandant les troupes de la Garnison de Paris;

CHARLOT.

Pour copie conforme:

L'Adjudant-commandant, Chef de l'État-major,

BORREL.

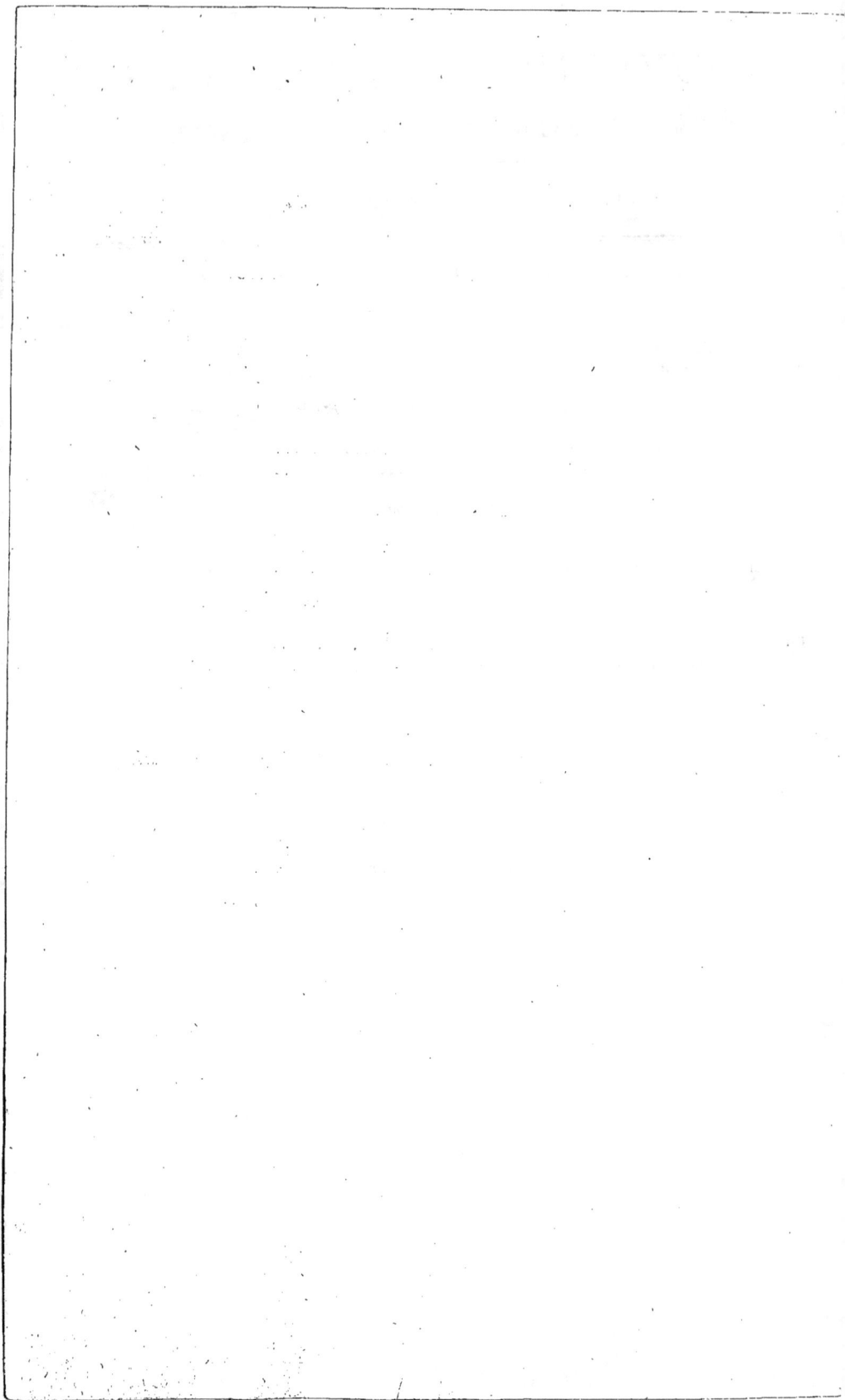

GOUVERNEMENT DE PARIS.
ÉTAT-MAJOR DE LA GARNISON.

ORDRE du 12 Frimaire an 14.

SERVICE DE L'ÉTAT-MAJOR DE LA GARNISON.

Du 12 au 13 Frimaire.

Adjudant de Place de service à l'Etat-major........................ VILLERS.
Adjudant de Place de ronde de nuit............................... CORDIEZ.

Visite aux Casernes, Prisons, Hôpital, et distribution de fourrages.

Rive droite de la Seine : le Capitaine-Adjudant de Place............... CORDIEZ.
Rive gauche : le Capitaine-Adjudant de Place....................... CARON.

Du 13 au 14 Frimaire.

Adjudant de Place de service à l'État-major........................ GRAILLARD.
Adjudant de Place de ronde de nuit............................... CARON.

Visite aux Casernes, Prisons, Hôpital, et distribution de fourrages.

Rive droite de la Seine : le Capitaine-Adjudant de Place............... CARON.
Rive gauche : le Capitaine-Adjudant de Place....................... VILLERS.

Rien de nouveau.

Le Général commandant les troupes de la Garnison de Paris,

CHARLOT.

Pour copie conforme:

L'Adjudant-commandant, Chef de l'État-major de la Garnison,

BORREL.

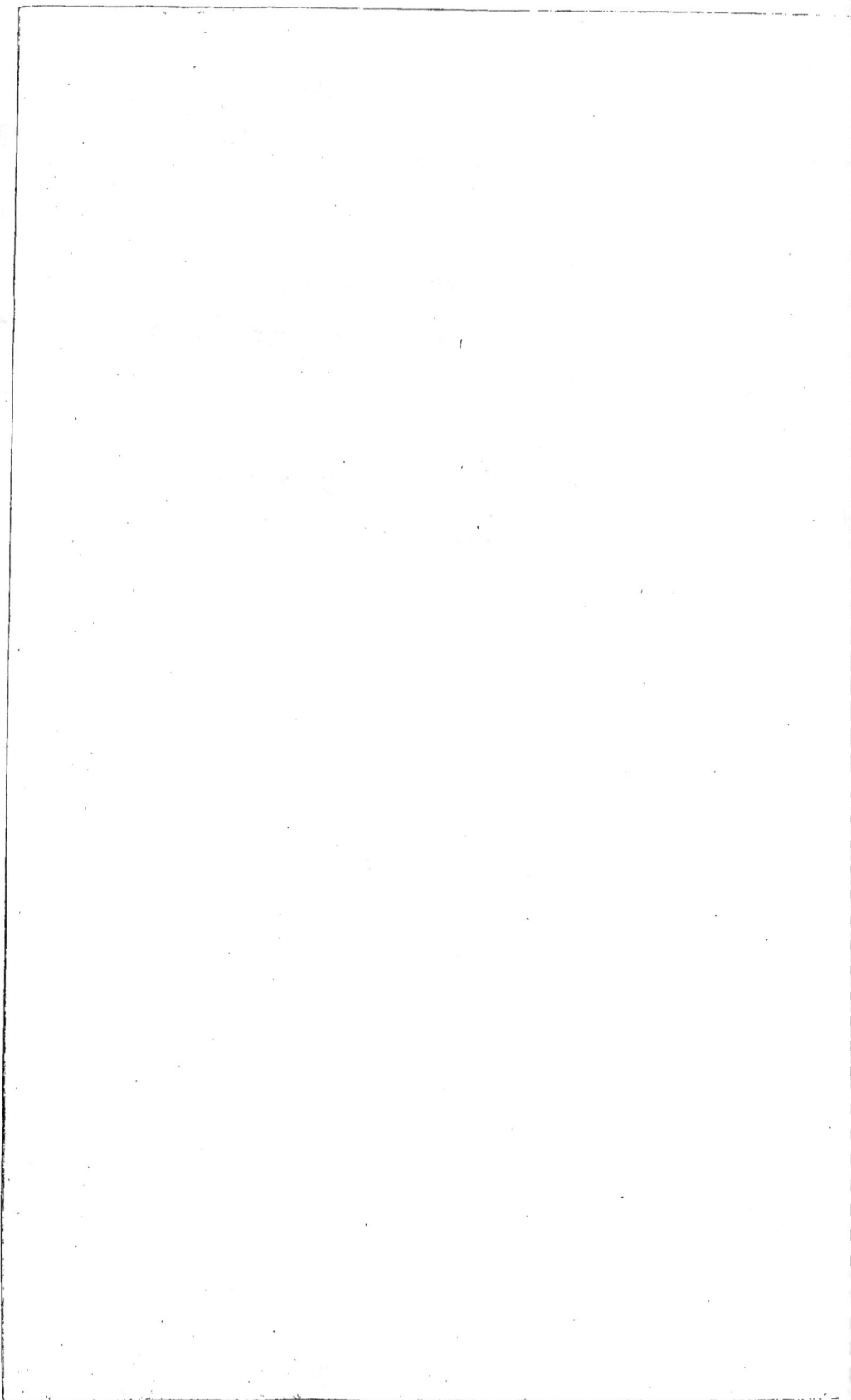

GOUVERNEMENT DE PARIS.
ÉTAT-MAJOR DE LA GARNISON.

ORDRE du 13 Frimaire an 14.

SERVICE DE L'ÉTAT-MAJOR DE LA GARNISON.

Du 13 au 14 Frimaire.

Adjudant de Place de service à l'État-major........................ GRAILLARD.
Adjudant de Place de ronde de nuit............................... CARON.

Visite aux Casernes, Prisons, Hôpital, et distribution de fourrages.

Rive droite de la Seine : le Capitaine-Adjudant de Place.............. CARON.
Rive gauche : le Capitaine-Adjudant de Place....................... VILLERS.

Du 14 au 15 Frimaire.

Adjudant de Place de service à l'Etat-major........................ SANSON.
Adjudant de Place de ronde de nuit............................... VILLERS.

Visite aux Casernes, Prisons, Hôpital, et distribution de fourrages.

Rive droite de la Seine : le Capitaine-Adjudant de Place.............. VILLERS.
Rive gauche : le Capitaine-Adjudant de Place....................... GRAILLARD.

ORDRE GÉNÉRAL.

LE général de division, commandant le gouvernement de Paris et la 1.re division militaire, en l'absence de son altesse impériale monseigneur le prince LOUIS, connétable, éprouve une bien grande satisfaction de pouvoir faire connaître aux troupes les notes officielles ci-après.

« M. de *Stadion*, ministre de l'Empereur d'Allemagne en Russie, et M. le comte et lieutenant général de » *Giulay*, ont été présentés à Brünn à Sa Majesté l'Empereur des Français, comme plénipotentiaires de Sa » Majesté l'Empereur d'Allemagne; ils sont munis de pouvoirs pour négocier, conclure et signer la paix » définitive, entre la France et l'Autriche; de son côté l'Empereur des Français a nommé M. de *Talleyrand*, » son ministre des relations extérieures, qu'il a muni de pouvoirs à cet effet. Il faut espérer que la paix sera » le résultat de leurs négociations; mais cela ne doit en rien ralentir le zèle des administrateurs et de la » nation. C'est au contraire un nouveau motif pour accélérer le départ et la marche des conscrits, afin » d'obtenir une paix prompte, solide et durable, Sa Majesté a recommandé aux ministres de la guerre et » de l'intérieur de ne ralentir en rien leurs préparatifs.

» Dans les derniers succès de l'armée d'Italie, on voit entre autres faits d'armes éclatans, que huit » mille hommes viennent d'être faits prisonniers, parmi lesquels se trouvent plusieurs officiers généraux, et » M. le prince de *Rohan*, général commandant. »

Signé, NOGUÈS,

Général de division, premier Aide-de-Camp de S. A. I. Monseigneur le Prince LOUIS, Connétable.

Le Général commandant les troupes de la Garnison,

CHARLOT.

Pour copie conforme:

L'Adjudant-commandant, Chef de l'État-major de la Garnison,

BORREL.

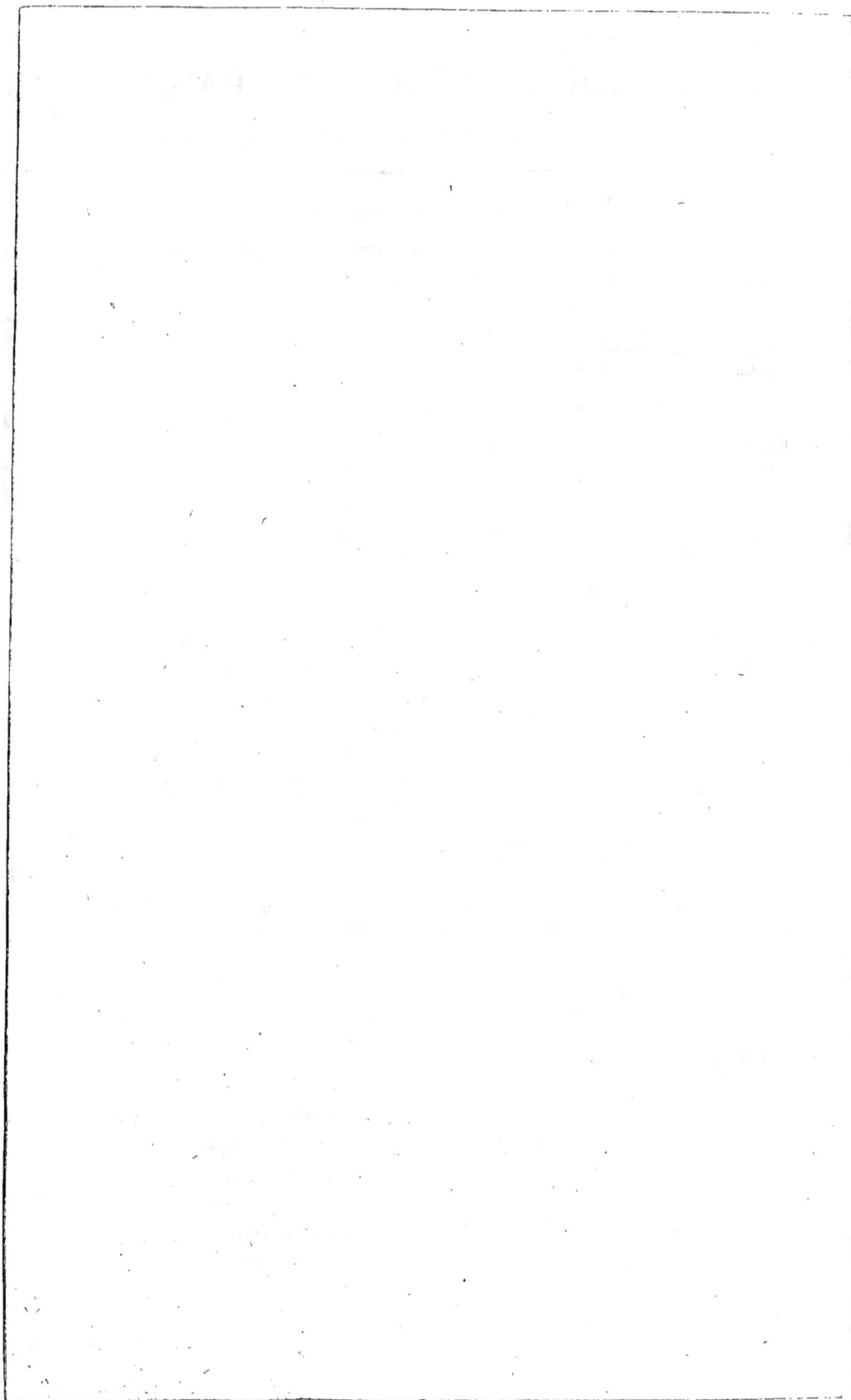

GOUVERNEMENT DE PARIS.
ÉTAT-MAJOR DE LA GARNISON.

ORDRE du 14 Frimaire an 14.

SERVICE DE L'ÉTAT-MAJOR DE LA GARNISON.

Du 14 au 15 Frimaire.

Adjudant de Place de service à l'État-major......................... SANSON.
Adjudant de Place de ronde de nuit............................... VILLERS.

Visite aux Casernes, Prisons, Hôpital, et distribution de fourrages.

Rive droite de la Seine : le Capitaine-Adjudant de Place................ VILLERS.
Rive gauche : le Capitaine-Adjudant de Place........................ GRAILLARD.

Du 15 au 16 Frimaire.

Adjudant de Place de service à l'État-major......................... VIART.
Adjudant de Place de ronde de nuit............................... GRAILLARD.

Visite aux Casernes, Prisons, Hôpital, et distribution de fourrages.

Rive droite de la Seine : le Capitaine-Adjudant de Place.............. GRAILLARD.
Rive gauche : le Lieutenant-Adjudant de Place...................... SANSON.

Rien de nouveau.

Le Général commandant les troupes de la Garnison,
CHARLOT.

Pour copie conforme :

L'Adjudant-commandant, Chef de l'État-major de la Garnison,
BORREL.

GOUVERNEMENT DE PARIS.
ÉTAT-MAJOR DE LA GARNISON.

ORDRE du 15 Frimaire an 14.

SERVICE DE L'ÉTAT-MAJOR DE LA GARNISON.

Du 15 au 16 Frimaire.

Adjudant de Place de service à l'État-major......................... VIART.
Adjudant de Place de ronde de nuit.............................. GRAILLARD.

Visite aux Casernes, Prisons, Hôpital, et distribution de fourrages.

Rive droite de la Seine : le Capitaine-Adjudant de Place.............. GRAILLARD.
Rive gauche : le Lieutenant-Adjudant de Place...................... SANSON.

Du 16 au 17 Frimaire.

Adjudant de Place de service à l'État-major......................... COTEAU.
Adjudant de Place de ronde de nuit.............................. SANSON.

Visite aux Casernes, Prisons, Hôpital, et distribution de fourrages.

Rive droite de la Seine : le Lieutenant-Adjudant de Place.............. SANSON.
Rive gauche : le Capitaine-Adjudant de Place...................... VIART.

Rien de nouveau.

Le Général commandant les troupes de la Garnison,
CHARLOT.

Pour copie conforme:
L'Adjudant-commandant, Chef de l'État-major de la Garnison,
BORREL.

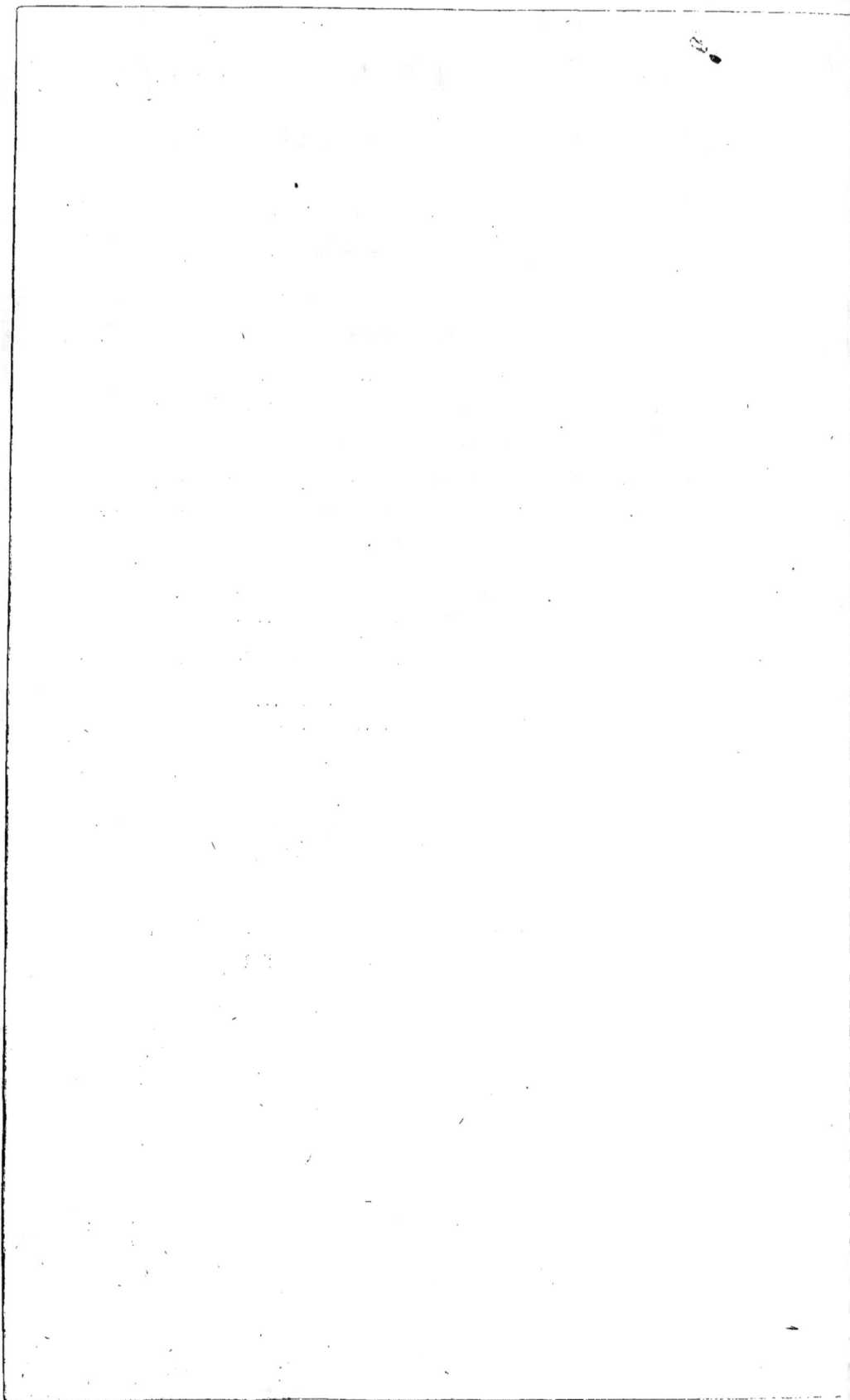

GOUVERNEMENT DE PARIS.
ÉTAT-MAJOR DE LA GARNISON.

ORDRE du 16 Frimaire an 14.

SERVICE DE L'ÉTAT-MAJOR DE LA GARNISON.

Du 16 au 17 Frimaire.

Adjudant de Place de service à l'Etat-major..................... COTEAU.
Adjudant de Place de ronde de nuit............................. SANSON.

Visite aux Casernes, Prisons, Hôpital, et distribution de fourrages.

Rive droite de la Seine : le Lieutenant-Adjudant de Place.............. SANSON.
Rive gauche : le Capitaine-Adjudant de Place....................... VIART.

Du 17 au 18 Frimaire.

Adjudant de Place de service à l'État-major........................ CARON.
Adjudant de Place de ronde de nuit............................. VIART.

Visite aux Casernes, Prisons, Hôpital, et distribution de fourrages.

Rive droite de la Seine : le Capitaine-Adjudant de Place.............. VIART.
Rive gauche : le Capitaine-Adjudant de Place .... COTEAU.

Rien de nouveau.

Le Général commandant les troupes de la Garnison de Paris,
CHARLOT.

Pour copie conforme:

L'Adjudant-commandant, Chef de l'État-major de la Garnison,
BORREL.

GOUVERNEMENT DE PARIS.
ÉTAT-MAJOR DE LA GARNISON.

ORDRE du 17 Frimaire an 14.

SERVICE DE L'ÉTAT-MAJOR DE LA GARNISON.

Du 17 au 18 Frimaire.

Adjudant de Place de service à l'État-major........................ CARON.
Adjudant de Place de ronde de nuit.............................. VIART.

Visite aux Casernes, Prisons, Hôpital, et distribution de fourrages.

Rive droite de la Seine : le Capitaine-Adjudant de Place.............. VIART.
Rive gauche : le Capitaine-Adjudant de Place.......................

Du 18 au 19 Frimaire.

Adjudant de Place de service à l'Etat-major........................ VILLERS.
Adjudant de Place de ronde de nuit.............................. COTEAU.

Visite aux Casernes, Prisons, Hôpital, et distribution de fourrages.

Rive droite de la Seine : le Capitaine-Adjudant de Place.............. COTEAU.
Rive gauche : le Capitaine-Adjudant de Place....................... CARON.

Rien de nouveau.

Le Général commandant les troupes de la Garnison de Paris,
CHARLOT.

Pour copie conforme :

L'Adjudant-commandant, Chef de l'Etat-major de la Garnison,
BORREL.

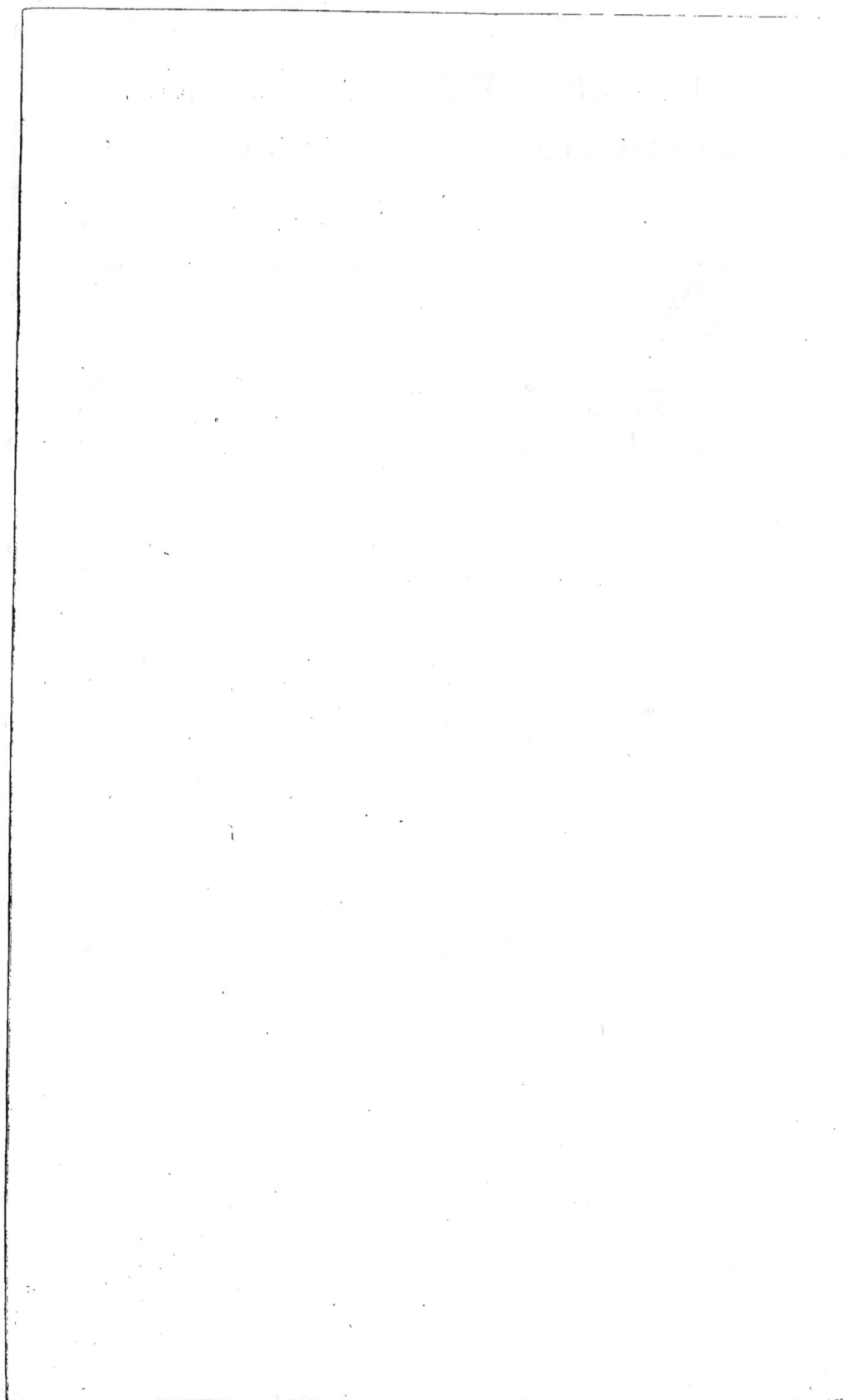

GOUVERNEMENT DE PARIS.
ÉTAT-MAJOR DE LA GARNISON.

ORDRE du 18 Frimaire an 14.

SERVICE DE L'ÉTAT-MAJOR DE LA GARNISON.

Du 18 au 19 Frimaire.

Adjudant de Place de service à l'Etat-major......................... VILLERS.
Adjudant de Place de ronde de nuit............................... COTEAU.

Visite aux Casernes, Prisons, Hôpital, et distribution de fourrages.

Rive droite de la Seine : le Capitaine-Adjudant de Place............... COTEAU.
Rive gauche : le Capitaine-Adjudant de Place....................... CARON.

Du 19 au 20 Frimaire.

Adjudant de Place de service à l'État-major......................... GRAILLARD.
Adjudant de Place de ronde de nuit............................... CARON.

Visite aux Casernes, Prisons, Hôpital, et distribution de fourrages.

Rive droite de la Seine : le Capitaine-Adjudant de Place.............. CARON.
Rive gauche : le Capitaine-Adjudant de Place....................... VILLERS.

Rien de nouveau.

Le Général commandant les troupes de la Garnison de Paris,
CHARLOT.

Pour copie conforme :
L'Adjudant-commandant, Chef de l'État-major de la Garnison,
BORREL.

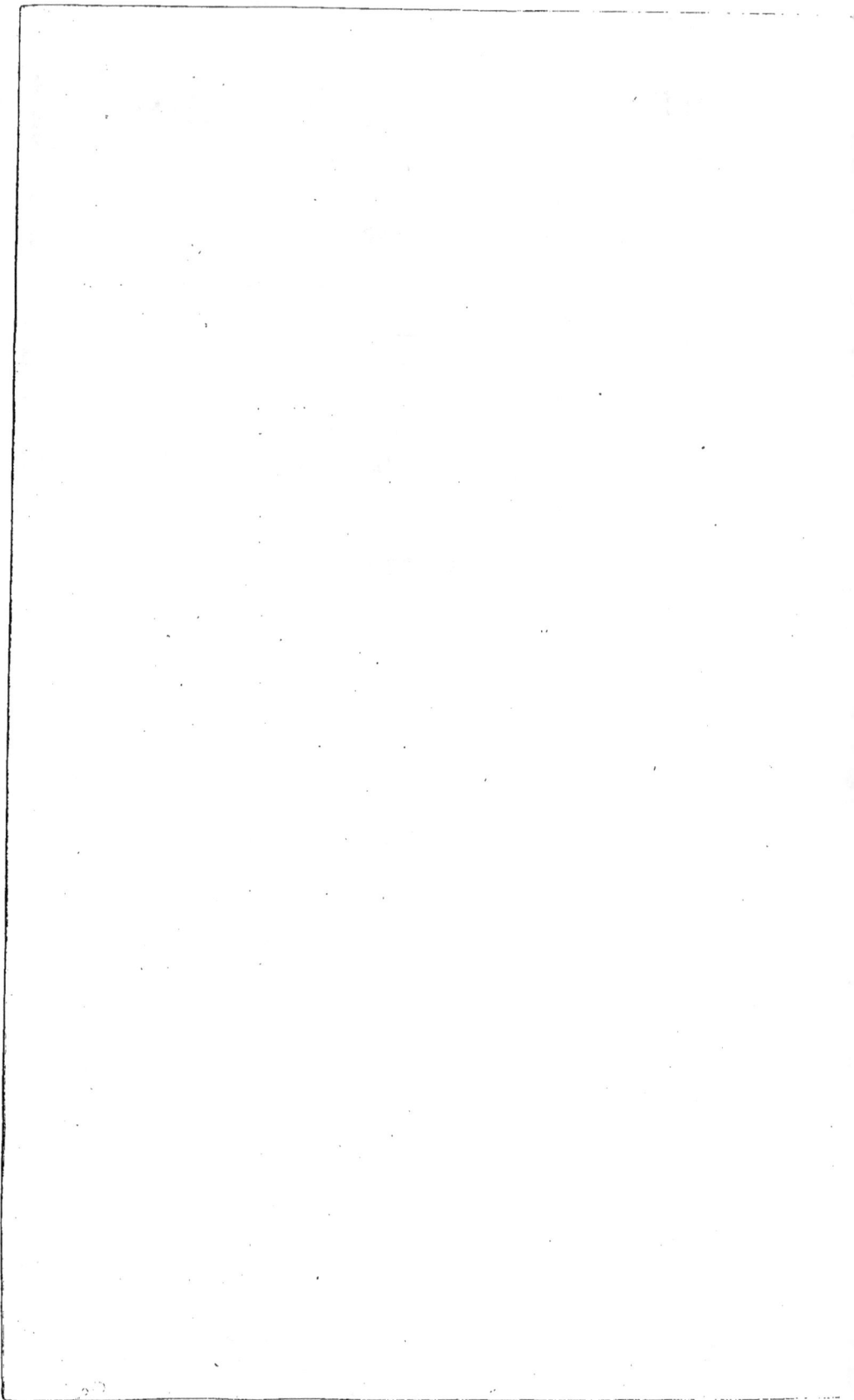

GOUVERNEMENT DE PARIS.

ÉTAT-MAJOR DE LA GARNISON.

ORDRE du 19 Frimaire an 14.

SERVICE DE L'ÉTAT-MAJOR DE LA GARNISON.

Du 19 au 20 Frimaire.

Adjudant de Place de service à l'État-major......................... GRAILLARD.
Adjudant de Place de ronde de nuit............................... CARON.

Visite aux Casernes, Prisons, Hôpital, et distribution de fourrages.

Rive droite de la Seine : le Capitaine-Adjudant de Place.............. CARON.
Rive gauche : le Capitaine-Adjudant de Place .... VILLERS.

Du 20 au 21 Frimaire.

Adjudant de Place de service à l'Etat-major......................... SANSON.
Adjudant de Place de ronde de nuit............................... VILLERS.

Visite aux Casernes, Prisons, Hôpital, et distribution de fourrages.

Rive droite de la Seine : le Capitaine-Adjudant de Place............... VILLERS.
Rive gauche : le Capitaine-Adjudant de Place...................... GRAILLARD.

Rien de nouveau.

Le Général de Brigade commandant les troupes de la Garnison de Paris;

CHARLOT.

Pour copie conforme:

L'Adjudant-commandant, Chef de l'État-major,

BORREL.

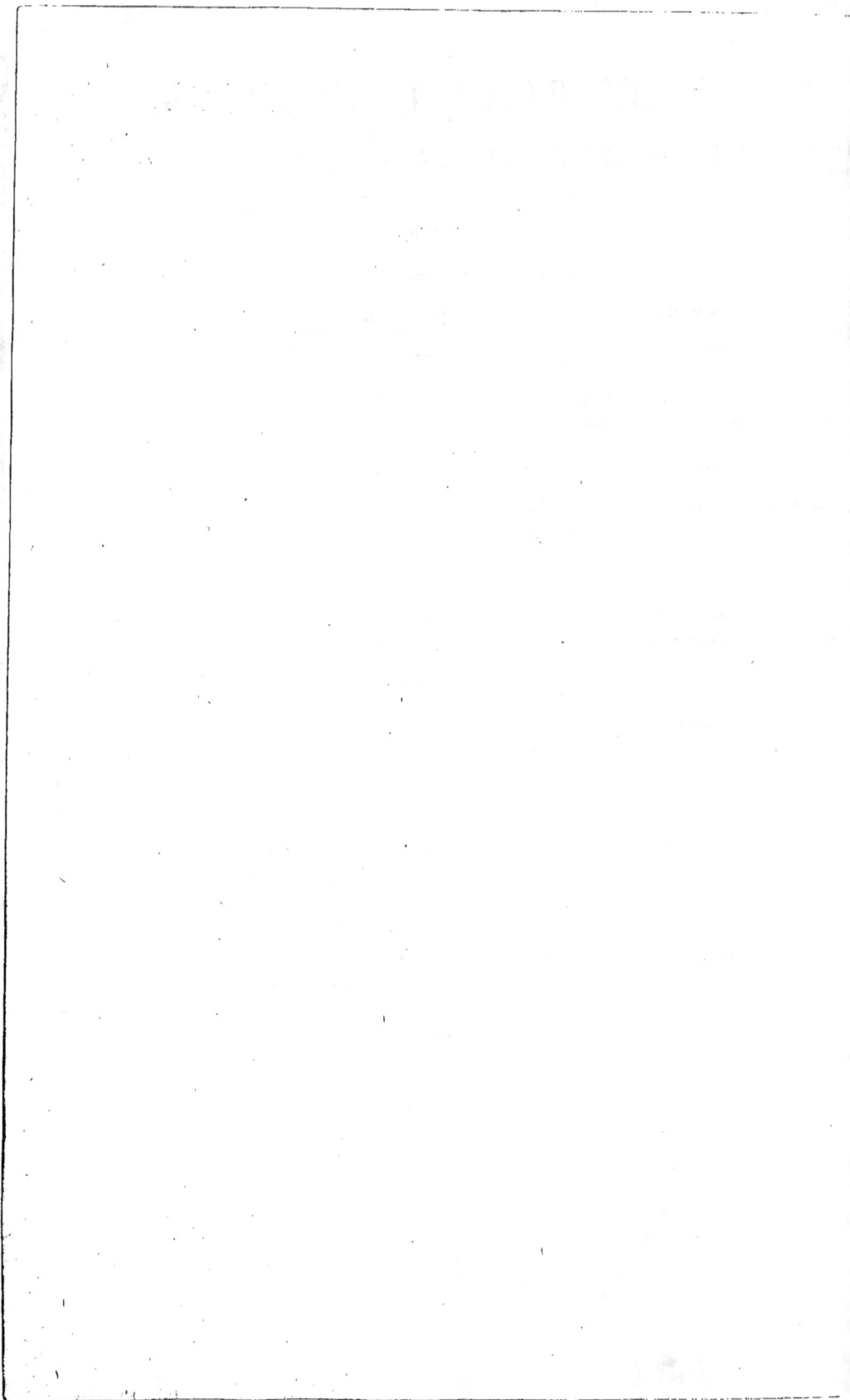

GOUVERNEMENT DE PARIS.
ÉTAT-MAJOR DE LA GARNISON.

ORDRE du 20 Frimaire an 14.

SERVICE DE L'ÉTAT-MAJOR DE LA GARNISON.

Du 20 au 21 Frimaire.

Adjudant de Place de service à l'Etat-major......................... SANSON.
Adjudant de Place de ronde de nuit............................... VILLERS.

Visite aux Casernes, Prisons, Hôpital, et. distribution de fourrages.

Rive droite de la Seine : le Capitaine-Adjudant de Place............... VILLERS.
Rive gauche : le Capitaine-Adjudant de Place....................... GRAILLARD.

Du 21 au 22 Frimaire.

Adjudant de Place de service à l'État-major......................... VIART.
Adjudant de Place de ronde de nuit............................... GRAILLARD.

Visite aux Casernes, Prisons, Hôpital, et distribution de fourrages.

Rive droite de la Seine : le Capitaine-Adjudant de Place.............. GRAILLARD.
Rive gauche : le Lieutenant-Adjudant de Place .... SANSON.

Rien de nouveau.

Le Général commandant les troupes de la Garnison,
CHARLOT.

Pour copie conforme:

L'Adjudant-commandant, Chef de l'État-major de la Garnison,
BORREL.

GOUVERNEMENT DE PARIS.
ÉTAT-MAJOR DE LA GARNISON.

ORDRE du 21 Frimaire an 14.

SERVICE DE L'ÉTAT-MAJOR DE LA GARNISON.

Du 21 au 22 Frimaire.

Adjudant de Place de service à l'État-major........................ VIART.

Adjudant de Place de ronde de nuit............................. GRAILLARD.

Visite aux Casernes, Prisons, Hôpital, et distribution de fourrages.

Rive droite de la Seine : le Capitaine-Adjudant de Place.............. GRAILLARD.

Rive gauche : le Lieutenant-Adjudant de Place..................... SANSON.

Du 22 au 23 Frimaire.

Adjudant de Place de service à l'État-major........................ COTEAU.

Adjudant de Place de ronde de nuit............................. SANSON.

Visite aux Casernes, Prisons, Hôpital, et distribution de fourrages.

Rive droite de la Seine : le Lieutenant-Adjudant de Place.............. SANSON.

Rive gauche : le Capitaine-Adjudant de Place..................... VIART.

ORDRE DU JOUR.

Du 20 frimaire an 14, à 10 heures du soir.

M. le Colonel Le Brun, Aide-de camp de sa Majesté impériale et royale, envoyé par l'Empereur, a donné les détails suivans sur la bataille livrée par sa Majesté à l'armée russe et autrichienne le 11 frimaire courant :

Quarante mille prisonniers.

Soixante-dix pièces de canon.

La Garde de l'Empereur de Russie mise en déroute, et une partie prise, ainsi que plusieurs Officiers et un Colonel.

Les deux Empereurs de Russie et d'Autriche, sur le point d'être pris, se sauvant en toute hâte à Olmutz.

Plusieurs Officiers généranx pris, entre autres un Prince Galizin.

Le reste de l'armée russe dans la déroute la plus complète.

La bataille est appelée par les soldats, *la Bataille des trois Empereurs.*

L'armée française a peu perdu.

Le présent Ordre sera lu, demain jeudi, à la parade, et communiqué à toutes les troupes de la Garnison le même jour.

Signé NOGUEZ, *Général de division, commandant provisoirement le Gouvernement de Paris et la première Division militaire.*

Pour copie conforme :

Le Général de Brigade Chef de l'État-major général du Gouvernement de Paris et de la première Division militaire,

CÉSAR BERTHIER.

Le Général commandant les troupes de la Garnison,

CHARLOT.

Pour copie conforme:

L'Adjudant-commandant, Chef de l'État-major,

BORREL.

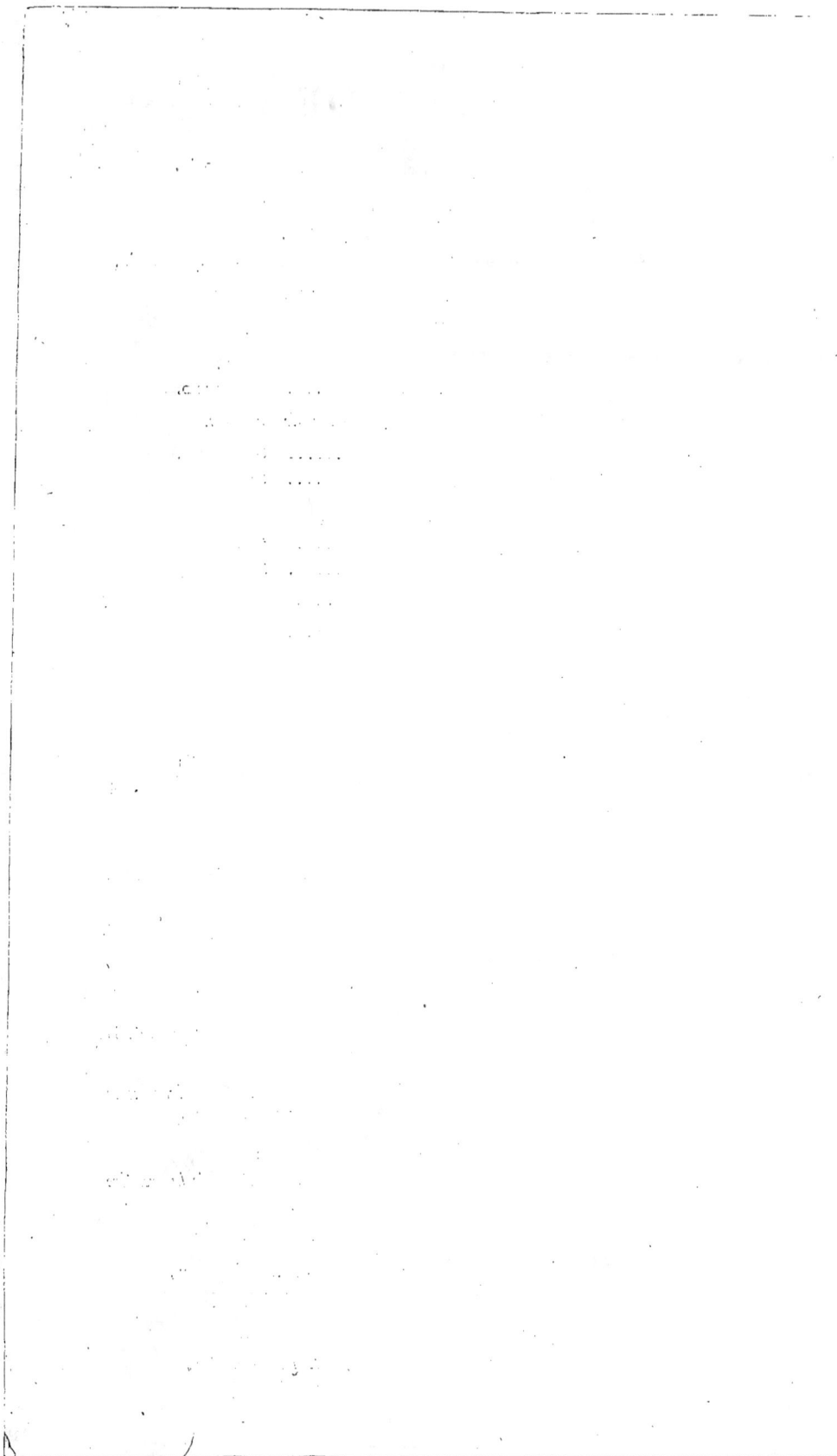

GOUVERNEMENT DE PARIS.

ÉTAT-MAJOR DE LA GARNISON.

ORDRE du 22 Frimaire an 14.

SERVICE DE L'ÉTAT-MAJOR DE LA GARNISON.

Du 22 au 23 Frimaire.

Adjudant de Place de service à l'État-major......................... COTEAU.
Adjudant de Place de ronde de nuit............................... SANSON.

Visite aux Casernes, Prisons, Hôpital, et distribution de fourrages.

Rive droite de la Seine : le Lieutenant-Adjudant de Place.............. SANSON.
Rive gauche : le Capitaine-Adjudant de Place....................... VIART.

Du 23 au 24 Frimaire.

Adjudant de Place de service à l'État-major......................... CORDIEZ.
Adjudant de Place de ronde de nuit............................... VIART.

Visite aux Casernes, Prisons, Hôpital, et distribution de fourrages.

Rive droite de la Seine : le Capitaine-Adjudant de Place.............. VIART.
Rive gauche : le Capitaine-Adjudant de Place .... COTEAU.

Rien de nouveau.

Le Général commandant la Garnison,
CHARLOT.

Pour copie conforme :

L'Adjudant-commandant, Chef de l'État-major de la Garnison,
BORREL.

GOUVERNEMENT DE PARIS.

ÉTAT-MAJOR DE LA GARNISON.

ORDRE du 23 Frimaire an 14.

SERVICE DE L'ÉTAT-MAJOR DE LA GARNISON.

Du 23 au 24 Frimaire.

Adjudant de Place de service à l'État-major......................... CORDIEZ.
Adjudant de Place de ronde de nuit.............................. VIART.

Visite aux Casernes, Prisons, Hôpital, et distribution de fourrages.

Rive droite de la Seine : le Capitaine-Adjudant de Place.............. VIART.
Rive gauche : le Capitaine-Adjudant de Place .... COTEAU.

Du 24 au 25 Frimaire.

Adjudant de Place de service à l'État-major......................... VILLERS.
Adjudant de Place de ronde de nuit.............................. COTEAU.

Visite aux Casernes, Prisons, Hôpital, et distribution de fourrages.

Rive droite de la Seine : le Capitaine-Adjudant de Place................ COTEAU.
Rive gauche : le Capitaine-Adjudant de Place........................ CORDIEZ.

Rien de nouveau.

Le Général commandant les troupes de la Garnison,
CHARLOT.

Pour copie conforme:

L'Adjudant-commandant, Chef de l'État-major,
BORREL.

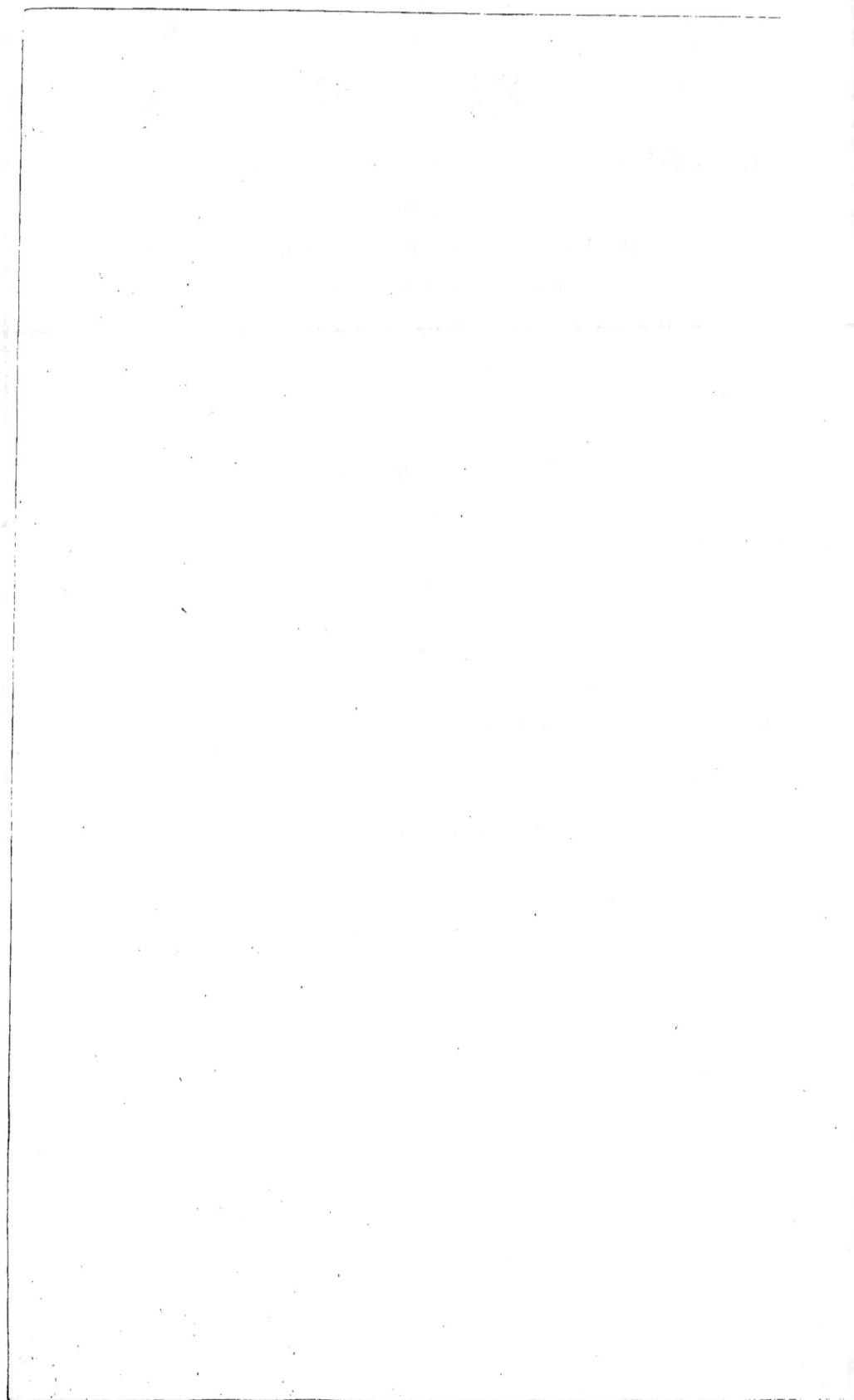

GOUVERNEMENT DE PARIS.

ÉTAT-MAJOR DE LA GARNISON.

ORDRE du 24 Frimaire an 14.

SERVICE DE L'ÉTAT-MAJOR DE LA GARNISON.

Du 24 au 25 Frimaire.

Adjudant de Place de service à l'Etat-major......................... VILLERS.
Adjudant de Place de ronde de nuit............................... COTEAU.

Visite aux Casernes, Prisons, Hôpital, et distribution de fourrages.

Rive droite de la Seine : le Capitaine-Adjudant de Place............... COTEAU.
Rive gauche : le Capitaine-Adjudant de Place....................... CORDIEZ.

Du 25 au 26 Frimaire.

Adjudant de Place de service à l'État-major......................... GRAILLARD.
Adjudant de Place de ronde de nuit............................... CORDIEZ.

Visite aux Casernes, Prisons, Hôpital, et distribution de fourrages.

Rive droite de la Seine : le Capitaine-Adjudant de Place............... CORDIEZ.
Rive gauche : le Capitaine-Adjudant de Place....................... VILLERS.

Rien de nouveau.

Le Général commandant la Garnison,
CHARLOT.
Pour copie conforme:
L'Adjudant-commandant, Chef de l'Etat-major.
BORREL.

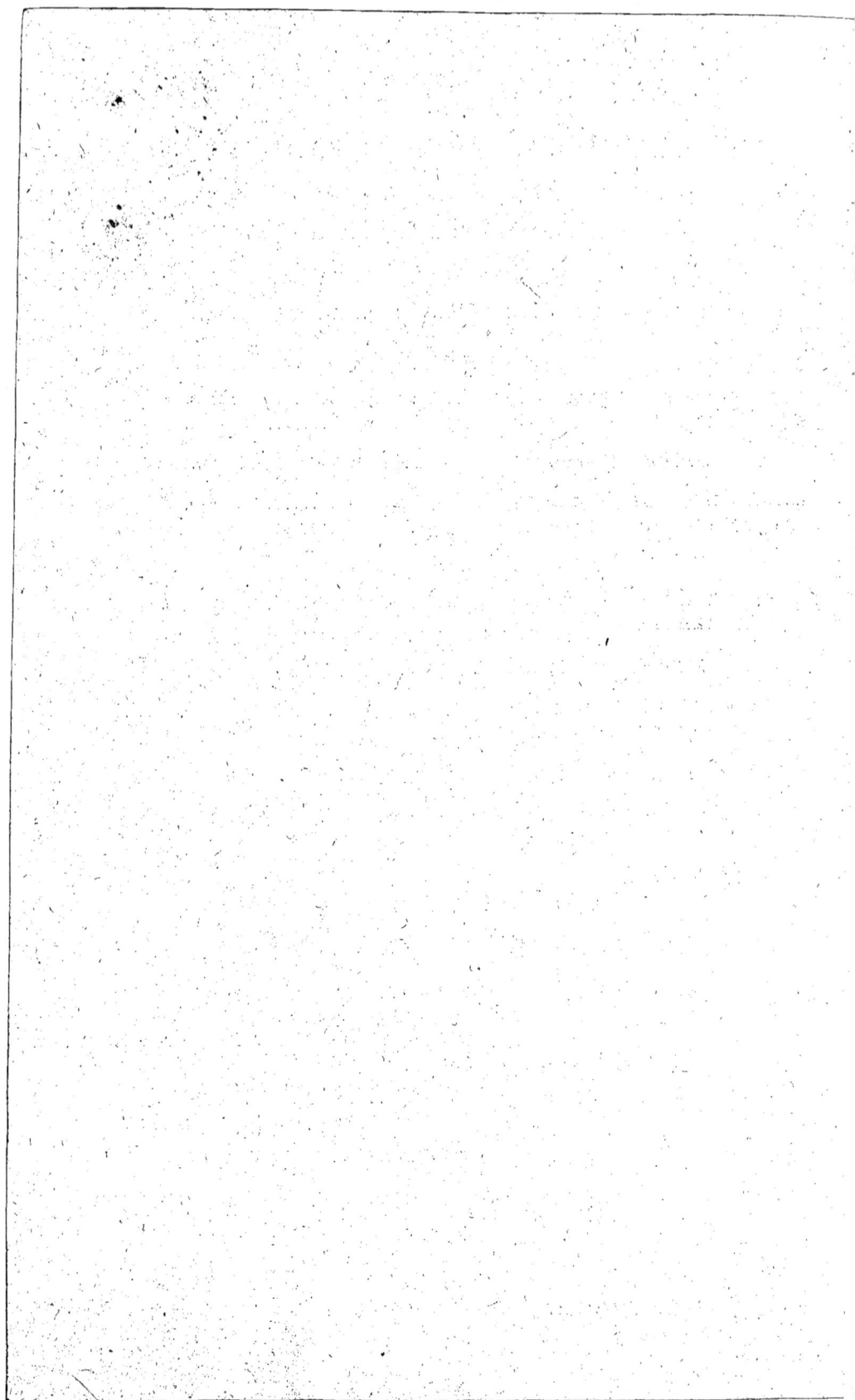

GOUVERNEMENT DE PARIS,
ÉTAT-MAJOR DE LA GARNISON.

ORDRE du 25 Frimaire an 14.

SERVICE DE L'ÉTAT-MAJOR DE LA GARNISON.

Du 25 au 26 Frimaire.

Adjudant de Place de service à l'État-major......................... GRAILLARD.
Adjudant de Place de ronde de nuit............................... CORDIEZ.

Visite aux Casernes, Prisons, Hôpital, et distribution de fourrages.

Rive droite de la Seine : le Capitaine-Adjudant de Place.............. CORDIEZ.
Rive gauche : le Capitaine-Adjudant de Place...................... VILLERS.

Du 26 au 27 Frimaire.

Adjudant de Place de service à l'État-major......................... SANSON.
Adjudant de Place de ronde de nuit............................... VILLERS.

Visite aux Casernes, Prisons, Hôpital, et distribution de fourrages.

Rive droite de la Seine : le Capitaine-Adjudant de Place.............. VILLERS.
Rive gauche : le Capitaine-Adjudant de Place...................... GRAILLARD.

Rien de nouveau.

Le Général commandant la Garnison,
CHARLOT.
Pour copie conforme:
L'Adjudant-commandant, Chef de l'État-major,
BORREL.

GOUVERNEMENT DE PARIS.

ÉTAT-MAJOR DE LA GARNISON.

ORDRE du 26 Frimaire an 14.

SERVICE DE L'ÉTAT-MAJOR DE LA GARNISON.

Du 26 au 27 Frimaire.

Adjudant de Place de service à l'Etat-major......................... SANSON.
Adjudant de Place de ronde de nuit............................... VILLERS.

Visite aux Casernes, Prisons, Hôpital, et distribution de fourrages.

Rive droite de la Seine : le Capitaine-Adjudant de Place............... VILLERS.
Rive gauche : le Capitaine-Adjudant de Place....................... GRAILLARD.

Du 27 au 28 Frimaire.

Adjudant de Place de service à l'Etat-major......................... VIART.
Adjudant de Place de ronde de nuit............................... GRAILLARD.

Visite aux Casernes, Prisons, Hôpital, et distribution de fourrages.

Rive droite de la Seine : le Capitaine-Adjudant de Place.............. GRAILLARD.
Rive gauche : le Lieutenant-Adjudant de Place...................... SANSON.

Rien de nouveau.

Le Général de Brigade commandant les troupes de la Garnison de Paris,
CHARLOT.

Pour copie conforme:
L'Adjudant-commandant, Chef de l'État-major,
BORREL.

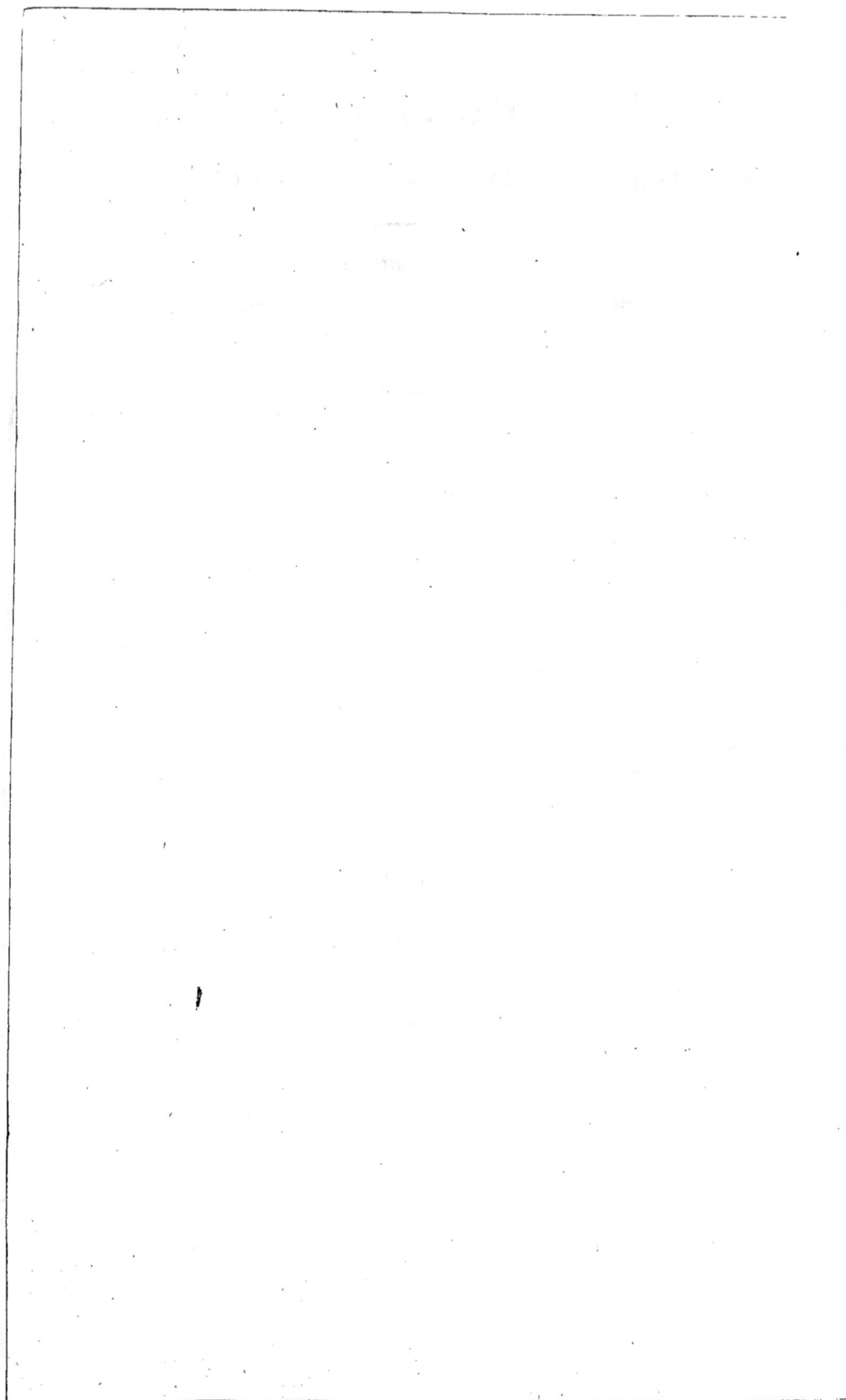

GOUVERNEMENT DE PARIS.

ÉTAT-MAJOR DE LA GARNISON.

ORDRE du 27 Frimaire an 14.

SERVICE DE L'ÉTAT-MAJOR DE LA GARNISON.

Du 27 au 28 Frimaire.

Adjudant de Place de service à l'État-major......................... VIART.
Adjudant de Place de ronde de nuit.................................. GRAILLARD.

Visite aux Casernes, Prisons, Hôpital, et distribution de fourrages.

Rive droite de la Seine : le Capitaine-Adjudant de Place.............. GRAILLARD.
Rive gauche : le Lieutenant-Adjudant de Place....................... SANSON.

Du 28 au 29 Frimaire.

Adjudant de Place de service à l'État-major......................... COTEAU.
Adjudant de Place de ronde de nuit.................................. SANSON.

Visite aux Casernes, Prisons, Hôpital, et distribution de fourrages.

Rive droite de la Seine : le Lieutenant-Adjudant de Place.............. SANSON.
Rive gauche : le Capitaine-Adjudant de Place........................ VIART.

Rien de nouveau.

Le Général de Brigade commandant les troupes de la Garnison de Paris,
CHARLOT.

Pour copie conforme :

L'Adjudant-commandant, Chef de l'État-major,
BORREL.

GOUVERNEMENT DE PARIS.

GOUVERNEMENT DE PARIS.

ÉTAT-MAJOR DE LA GARNISON.

ORDRE du 28 Frimaire an 14.

SERVICE DE L'ÉTAT-MAJOR DE LA GARNISON.

Du 28 au 29 Frimaire.

Adjudant de Place de service à l'État-major......................... COTEAU.
Adjudant de Place de ronde de nuit............................. SANSON.

Visite aux Casernes, Prisons, Hôpital, et distribution de fourrages.

Rive droite de la Seine : le Lieutenant-Adjudant de Place.............. SANSON.
Rive gauche : le Capitaine-Adjudant de Place...................... VIART.

Du 29 au 30 Frimaire.

Adjudant de Place de service à l'État-major......................... CORDIEZ.
Adjudant de Place de ronde de nuit............................. VIART.

Visite aux Casernes, Prisons, Hôpital, et distribution de fourrages.

Rive droite de la Seine : le Capitaine-Adjudant de Place.............. VIART.
Rive gauche : le Capitaine-Adjudant de Place...................... COTEAU.

Rien de nouveau.

Le Général de Brigade commandant les troupes de la Garnison de Paris,
CHARLOT.

Pour copie conforme :

L'Adjudant-commandant, Chef de l'État-major,
BORREL.

GOUVERNEMENT DE PARIS.

ÉTAT-MAJOR DE LA GARNISON.

ORDRE du 29 Frimaire an 14.

SERVICE DE L'ÉTAT - MAJOR DE LA GARNISON.

Du 29 au 30 Frimaire.

Adjudant de Place de service à l'État - major......................... CORDIEZ.
Adjudant de Place de ronde de nuit............................... VIART.

Visite aux Casernes, Prisons, Hôpital, et distribution de fourrages.

Rive droite de la Seine : le Capitaine-Adjudant de Place.............. VIART.
Rive gauche : le Capitaine-Adjudant de Place....................... COTEAU.

Du 30 Frimaire au 1.er Nivôse.

Adjudant de Place de service à l'État - major........................ CARON.
Adjudant de Place de ronde de nuit............................... COTEAU.

Visite aux Casernes, Prisons, Hôpital, et distribution de fourrages.

Rive droite de la Seine : le Capitaine-Adjudant de Place............... COTEAU.
Rive gauche : le Capitaine-Adjudant de Place....................... CORDIEZ.

Rien de nouveau.

Le Général de Brigade commandant les troupes de la Garnison de Paris,
CHARLOT.

Pour copie conforme:

L'Adjudant-commandant, Chef de l'État-major,
BORREL.

GOUVERNEMENT DE PARIS.

ÉTAT-MAJOR DE LA GARNISON.

ORDRE du 30 Frimaire an 14.

SERVICE DE L'ÉTAT-MAJOR DE LA GARNISON.

Du 30 Frimaire au 1.er Nivôse.

Adjudant de Place de service à l'Etat-major......................... CARON.

Adjudant de Place de ronde de nuit................................. COTEAU.

Visite aux Casernes, Prisons, Hôpital, et distribution de fourrages.

Rive droite de la Seine : le Capitaine-Adjudant de Place............... COTEAU.

Rive gauche : le Capitaine-Adjudant de Place...................... CORDIEZ.

Du 1.er au 2 Nivôse.

Adjudant de Place de service à l'État-major......................... GRAILLARD.

Adjudant de Place de ronde de nuit............................... CORDIEZ.

Visite aux Casernes, Prisons, Hôpital, et distribution de fourrages.

Rive droite de la Seine : le Capitaine-Adjudant de Place.............. CORDIEZ.

Rive gauche : le Capitaine-Adjudant de Place...................... CARON.

ORDRE GÉNÉRAL.

Il sera chanté, dans l'Église de Notre-Dame, dimanche prochain, à midi, un *TE DEUM,* en actions de grâce des heureux succès de nos armées, et pour la conservation des précieux jours de SA MAJESTÉ L'EMPEREUR ET ROI. MM. les Généraux, Colonels, Officiers supérieurs et autres Employés, à Paris, devront y assister.

En conséquence des ordres de M. le Général commandant la 1.re Division militaire et le Gouvernement de Paris, M. le Général *Charlot,* commandant la garnison de Paris, fera commander 600 hommes en grande tenue, dont 200 seront placés dans l'intérieur de la Cathédrale, bordant la haie, depuis la nef jusqu'à la porte; 200 borderont la haie depuis l'escalier de l'Archevêché, ainsi que dans la cour jusqu'à la porte de l'Église; et les 200 hommes restant seront placés sur le Parvis Notre-Dame, et fourniront aux portes extérieures de l'Église.

Il sera également commandé un détachement de 25 Gendarmes, qui seront aussi placés sur le Parvis Notre-Dame et à l'entrée des rues qui y aboutissent, afin de faire filer et ranger les voitures, et d'y maintenir le bon ordre.

Tout le disponible de la Garde impériale, de toute arme, sera placé dans l'intérieur de l'Église, où il devra être rendu à onze heures.

Il sera fourni deux musiques militaires, dont l'une sera placée dans l'intérieur de l'Église, et l'autre sur l'escalier de l'Archevêché.

Tous les Tambours de la Garde impériale, ainsi que ceux de la garnison, seront placés de manière à faire un roulement prolongé, à l'entrée dans l'Église, et à la sortie de leurs Altesses impériales.

Le Général de Brigade commandant les troupes de la Garnison de Paris,

CHARLOT.

Pour copie conforme:

L'Adjudant-commandant, Chef de l'État-major,

BORREL.

GOUVERNEMENT DE PARIS.

ÉTAT-MAJOR DE LA GARNISON.

ORDRE du 1.er Nivôse an 14.

SERVICE DE L'ÉTAT-MAJOR DE LA GARNISON.

Du 1.er au 2 Nivôse.

Adjudant de Place de service à l'Etat-major......................... GRAILLARD.
Adjudant de Place de ronde de nuit............................... CORDIEZ.

Visite aux Casernes, Prisons, Hôpital, et distribution de fourrages.

Rive droite de la Seine : le Capitaine-Adjudant de Place............... CORDIEZ.
Rive gauche : le Capitaine-Adjudant de Place........................ CARON.

Du 2 au 3 Nivôse.

Adjudant 'de Place de service à l'État-major......................... SANSON.
Adjudant de Place de ronde de nuit............................... CARON.

Visite aux Casernes, Prisons, Hôpital, et distribution de fourrages.

Rive droite de la Seine : le Capitaine-Adjudant de Place............... CARON.
Rive gauche : le Capitaine-Adjudant de Place .... GRAILLARD.

Rien de nouveau.

Le Général de Brigade commandant les troupes de la Garnison de Paris,
CHARLOT.

Pour copie conforme :

L'Adjudant-commandant, Chef de l'État-major,
BORREL.

GOUVERNEMENT DE PARIS.

ÉTAT-MAJOR DE LA GARNISON.

ORDRE du 2 Nivôse an 14.

SERVICE DE L'ÉTAT-MAJOR DE LA GARNISON.

Du 2 au 3 Nivôse.

Adjudant de Place de service à l'État-major........................ SANSON.
Adjudant de Place de ronde de nuit.............................. CARON.

Visite aux Casernes, Prisons, Hôpital, et distribution de fourrages.

Rive droite de la Seine : le Capitaine-Adjudant de Place.............. CARON.
Rive gauche : le Capitaine-Adjudant de Place .... GRAILLARD.

Du 3 au 4 Nivôse.

Adjudant de Place de service à l'État-major........................ VIART.
Adjudant de Place de ronde de nuit.............................. GRAILLARD.

Visite aux Casernes, Prisons, Hôpital, et distribution de fourrages.

Rive droite de la Seine : le Capitaine-Adjudant de Place.............. GRAILLARD.
Rive gauche : le Capitaine-Adjudant de Place....................... SANSON.

Rien de nouveau.

Le Général de Brigade commandant les troupes de la Garnison ,
CHARLOT.

Pour copie conforme:

L'Adjudant-commandant, Chef de l'État-major de la garnison ,
BORREL.

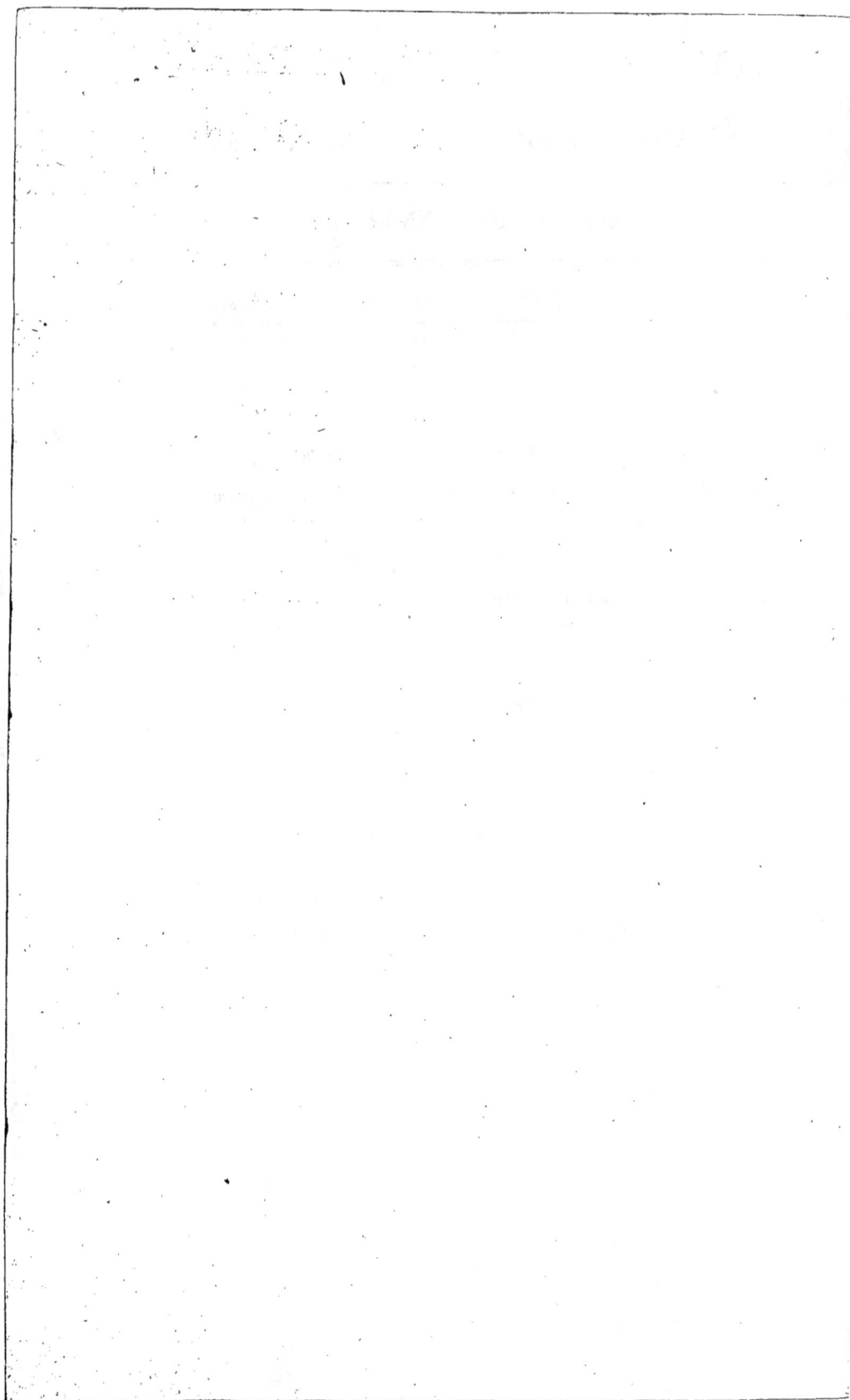

GOUVERNEMENT DE PARIS.

ÉTAT-MAJOR DE LA GARNISON.

ORDRE du 3 Nivôse an 14.

SERVICE DE L'ÉTAT-MAJOR DE LA GARNISON.

Du 3 au 4 Nivôse.

Adjudant de Place de service à l'État-major......................... VIART.
Adjudant de Place de ronde de nuit............................... GRAILLARD.

Visite aux Casernes, Prisons, Hôpital, et distribution de fourrages.

Rive droite de la Seine : le Capitaine-Adjudant de Place............... GRAILLARD.
Rive gauche : le Lieutenant-Adjudant de Place...................... SANSON.

Du 4 au 5 Nivôse.

Adjudant de Place de service à l'État-major......................... COTEAU.
Adjudant de Place de ronde de nuit............................... SANSON.

Visite aux Casernes, Prisons, Hôpital, et distribution de fourrages.

Rive droite de la Seine : le Lieutenant-Adjudant de Place............. SANSON.
Rive gauche : le Capitaine-Adjudant de Place....................... VIART.

Rien de nouveau.

Le Général de Brigade commandant la Garnison de Paris,
CHARLOT.

Pour copie conforme:
L'Adjudant-commandant, Chef de l'État-major,
BORREL.

GOUVERNEMENT DE PARIS.

ÉTAT-MAJOR DE LA GARNISON.

ORDRE du 4 Nivôse an 14.

SERVICE DE L'ÉTAT-MAJOR DE LA GARNISON. •

Du 4 au 5 Nivôse.

Adjudant de Place de service à l'État-major......................... COTEAU.
Adjudant de Place de ronde de nuit............................... SANSON.

Visite aux Casernes, Prisons, Hôpital, et distribution de fourrages.

Rive droite de la Seine : le Lieutenant-Adjudant de Place.............. SANSON.
Rive gauche : le Capitaine-Adjudant de Place....................... VIART.

Du 5 au 6 Nivôse.

Adjudant de Place de service à l'Etat-major......................... CORDIEZ.
Adjudant de Place de ronde de nuit............................... VIART.

Visite aux Casernes, Prisons, Hôpital, et distribution de fourrages.

Rive droite de la Seine : le Capitaine-Adjudant de Place................ VIART.
Rive gauche : le Capitaine-Adjudant de Place....................... COTEAU.

Rien de nouveau.

Le Général de Brigade commandant la Garnison de Paris,
CHARLOT.

Pour copie conforme:
L'Adjudant-commandant, Chef de l'État-major,
BORREL.

GOUVERNEMENT DE PARIS.

ÉTAT-MAJOR DE LA GARNISON.

ORDRE du 5 Nivôse an 14.

SERVICE DE L'ÉTAT-MAJOR DE LA GARNISON.

Du 5 au 6 Nivôse.

Adjudant de Place de service à l'État-major......................... CORDIEZ.
Adjudant de Place de ronde de nuit............................... VIART.

Visite aux Casernes, Prisons, Hôpital, et distribution de fourrages.

Rive droite de la Seine : le Capitaine-Adjudant de Place.............. VIART.
Rive gauche : le Capitaine-Adjudant de Place....................... COTEAU.

Du 6 au 7 Nivôse.

Adjudant de Place de service à l'Etat-major......................... CARON.
Adjudant de Place de ronde de nuit............................... COTEAU.

Visite aux Casernes, Prisons, Hôpital, et distribution de fourrages.

Rive droite de la Seine : le Capitaine-Adjudant de Place.............. COTEAU.
Rive gauche : le Capitaine-Adjudant de Place....................... CORDIEZ.

Rien de nouveau.

Le Général de Brigade commandant la Garnison de Paris,
CHARLOT.

Pour copie conforme:

L'Adjudant-commandant, Chef de l'État-major,
BORREL.

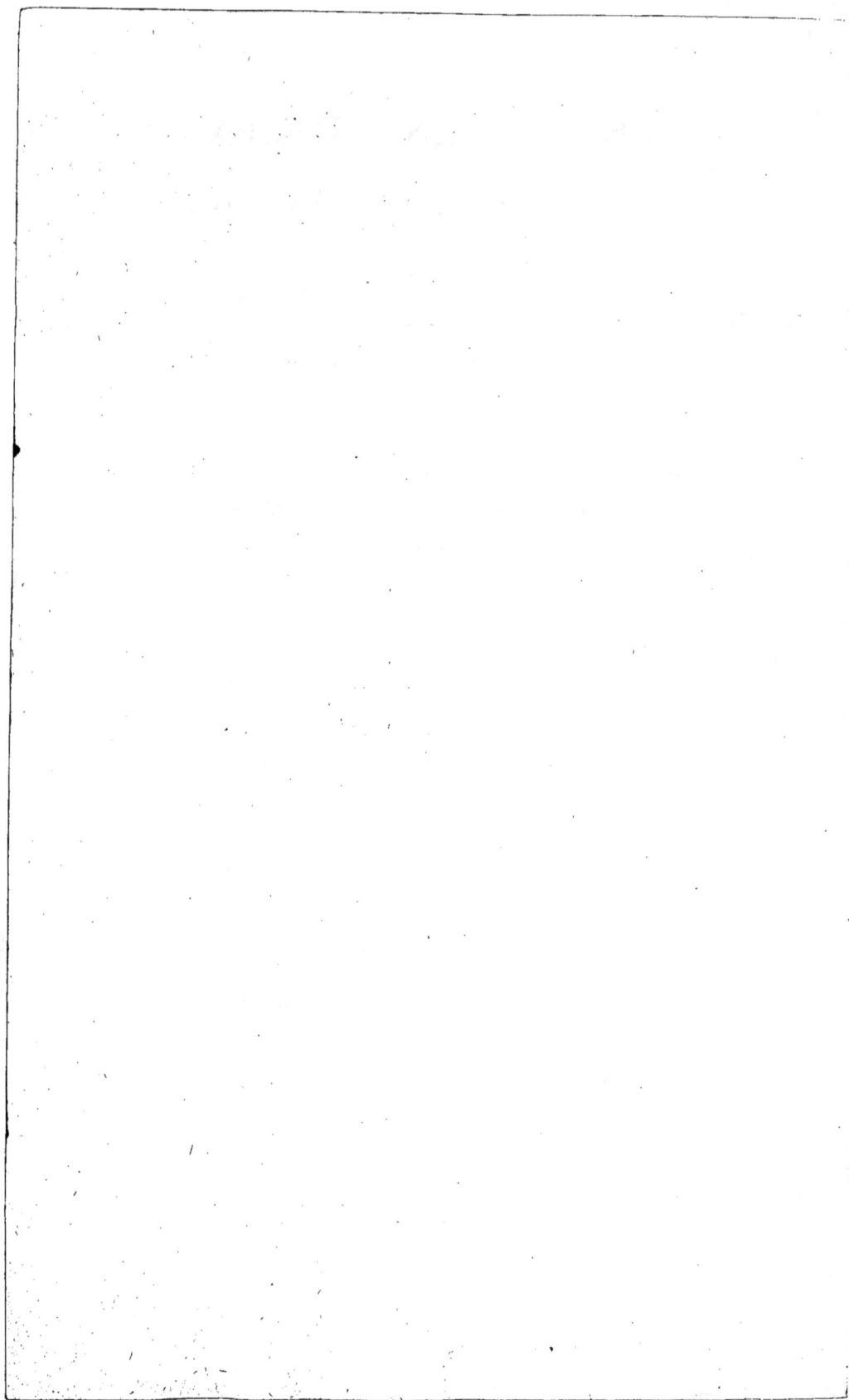

GOUVERNEMENT DE PARIS.
ÉTAT-MAJOR DE LA GARNISON.

ORDRE du 6 Nivôse an 14.

SERVICE DE L'ÉTAT-MAJOR DE LA GARNISON.

Du 6 au 7 Nivôse.

Adjudant de Place de service à l'Etat-major......................... CARON.
Adjudant de Place de ronde de nuit.............................. COTEAU.

Visite aux Casernes, Prisons, Hôpital, et distribution de fourrages.

Rive droite de la Seine : le Capitaine-Adjudant de Place............... COTEAU.
Rive gauche : le Capitaine-Adjudant de Place...................... CORDIEZ.

Du 7 au 8 Nivôse.

Adjudant de Place de service à l'État-major........................ VILLERS.
Adjudant de Place de ronde de nuit.............................. CORDIEZ.

Visite aux Casernes, Prisons, Hôpital, et distribution de fourrages.

Rive droite de la Seine : le Capitaine-Adjudant de Place.............. CORDIEZ.
Rive gauche : le Capitaine-Adjudant de Place...................... CARON.

ORDRE GÉNÉRAL.

Les troupes et la garnison de Paris, et celles employées dans la 1.re Division militaire, sont prévenues que les Aides-de-camp des Généraux *Noguez* et *César Berthier*, chargés de porter à l'approbation de S. A. I. le Prince *Louis* les adresses pour leurs Majestés impériales et royales, sont de retour à Paris.

S. A. I. monseigneur le Prince *Louis*, saisissant toujours les occasions de marquer sa bonté et son intérêt pour les Militaires du Gouvernement de Paris et de la 1.re Division, a jugé que ces adresses devaient être portées par un des Officiers généraux qui y sont employés, et a désigné en conséquence le Général *César Berthier*, Chef de l'État-major général du Gouvernement de Paris et de la 1.re Division militaire, pour se transporter au quartier-général de la Grande armée, et les présenter à leurs Majestés.

Pendant l'absence de ce Général, M. *Debon*, Officier supérieur, remplira les fonctions de Chef de l'État-major général.

Signé NOGUEZ, *Général de division, commandant provisoirement le Gouvernement de Paris et la première Division militaire.*

Pour copie conforme :

L'Officier supérieur faisant les fonctions de Chef de l'État-major général,

DEBON.

Le Général de Brigade commandant la Garnison de Paris,
CHARLOT.

Pour copie conforme:

L'Adjudant-commandant, Chef de l'État-major,
BORREL.

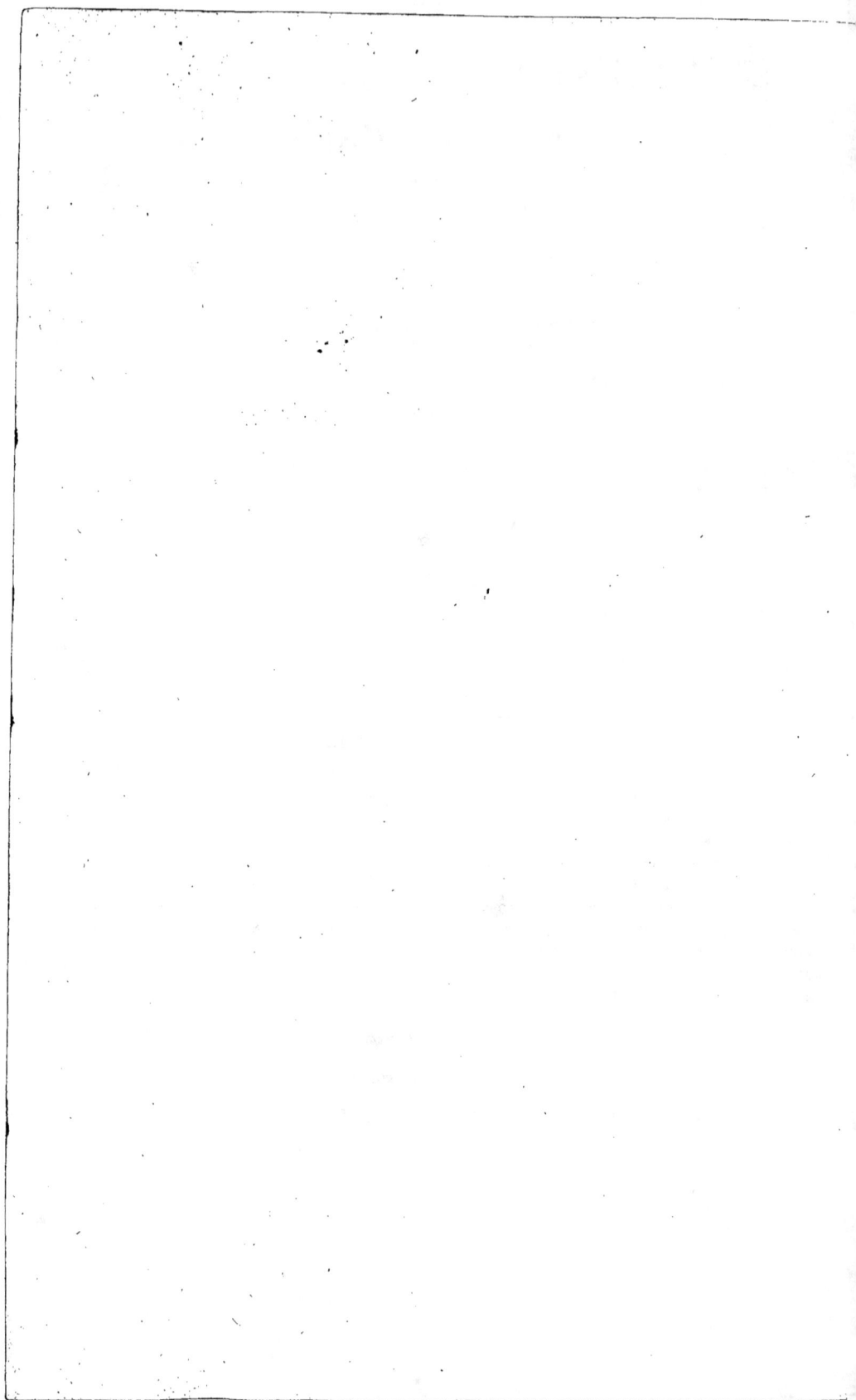

GOUVERNEMENT DE PARIS.

ÉTAT-MAJOR DE LA GARNISON.

ORDRE du 7 Nivôse an 14.

SERVICE DE L'ÉTAT-MAJOR DE LA GARNISON.

Du 7 au 8 Nivôse.

Adjudant de Place de service à l'État-major......................... VILLERS.
Adjudant de Place de ronde de nuit............................. CORDIEZ.

Visite aux Casernes, Prisons, Hôpital, et distribution de fourrages.

Rive droite de la Seine : le Capitaine-Adjudant de Place.............. CORDIEZ.
Rive gauche : le Capitaine-Adjudant de Place....................... CARON.

Du 8 au 9 Nivôse.

Adjudant de Place de service à l'État-major......................... SANSON.
Adjudant de Place de ronde de nuit............................. CARON.

Visite aux Casernes, Prisons, Hôpital, et distribution de fourrages.

Rive droite de la Seine : le Capitaine-Adjudant de Place................ CARON.
Rive gauche : le Capitaine-Adjudant de Place....................... VILLERS.

Rien de nouveau.

Le Général de Brigade commandant la Garnison de Paris,
CHARLOT.

Pour copie conforme:

L'Adjudant-commandant, Chef de l'État-major,
BORREL.

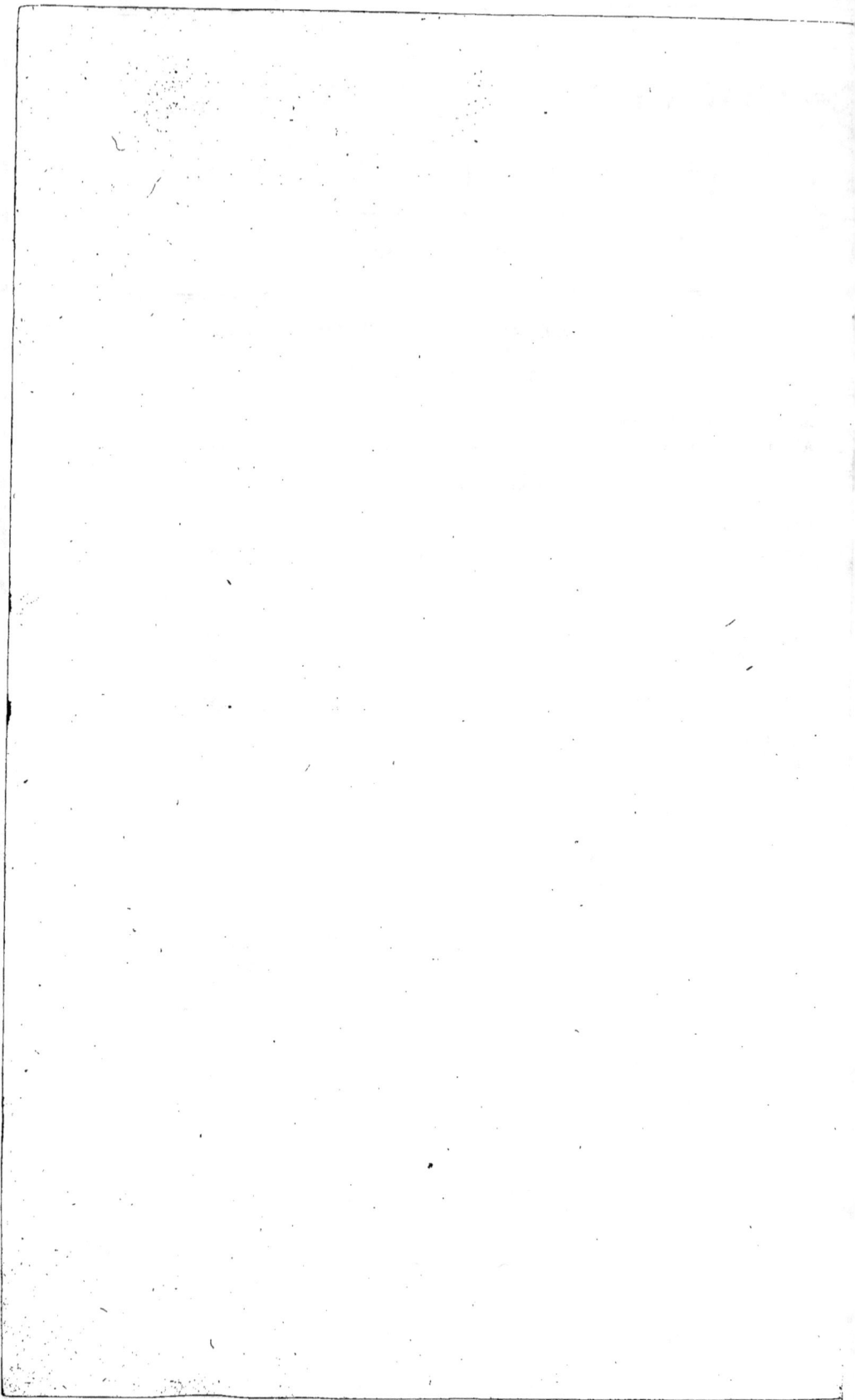

GOUVERNEMENT DE PARIS.

ÉTAT-MAJOR DE LA GARNISON.

ORDRE du 8 Nivôse an 14.

SERVICE DE L'ÉTAT-MAJOR DE LA GARNISON.

Du 8 au 9 Nivôse.

Adjudant de Place de service à l'Etat-major......................... SANSON.
Adjudant de Place de ronde de nuit............................. CARON.

Visite aux Casernes, Prisons, Hôpital, et distribution de fourrages.

Rive droite de la Seine : le Capitaine-Adjudant de Place............... CARON.
Rive gauche : le Capitaine-Adjudant de Place....................... VILLERS.

Du 9 au 10 Nivôse.

Adjudant de Place de service à l'État-major......................... VIART.
Adjudant de Place de ronde de nuit............................. VILLERS.

Visite aux Casernes, Prisons, Hôpital, et distribution de fourrages.

Rive droite de la Seine : le Capitaine-Adjudant de Place.............. VILLERS.
Rive gauche : le Lieutenant-Adjudant de Place...................... SANSON.

Rien de nouveau.

Le Général de Brigade commandant la Garnison ,
CHARLOT.

Pour copie conforme:

L'Adjudant-commandant, Chef de l'État-major ,
BORREL.

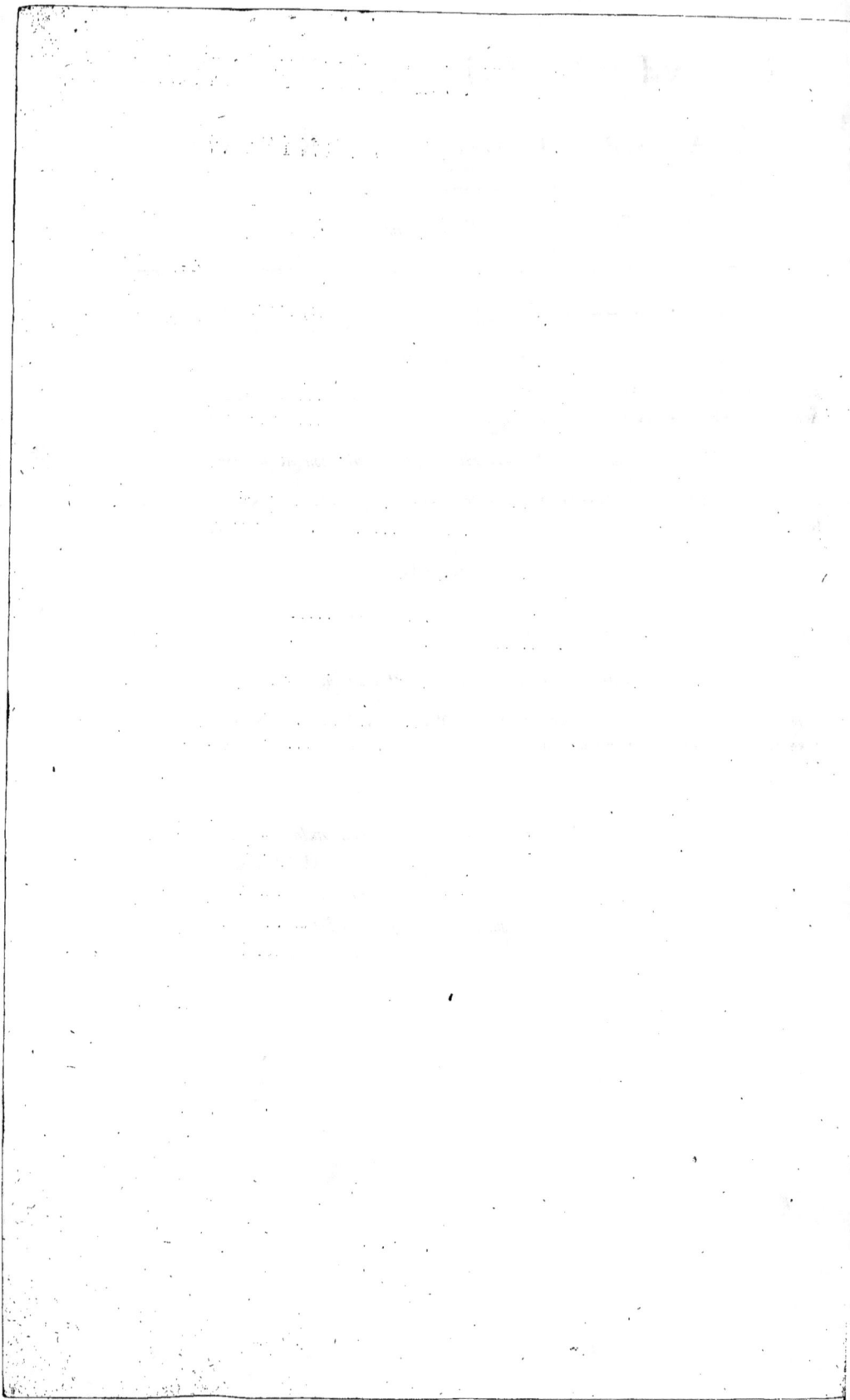

GOUVERNEMENT DE PARIS.

ÉTAT-MAJOR DE LA GARNISON.

ORDRE du 9 Nivôse an 14.

SERVICE DE L'ÉTAT-MAJOR DE LA GARNISON.

Du 9 au 10 Nivôse.

Adjudant de Place de service à l'État-major......................... VIART.

Adjudant de Place de ronde de nuit.............................. VILLERS.

Visite aux Casernes, Prisons, Hôpital, et distribution de fourrages.

Rive droite de la Seine : le Capitaine-Adjudant de Place.............. VILLERS.

Rive gauche : le Lieutenant-Adjudant de Place....................... SANSON.

Du 10 au 11 Nivôse.

Adjudant de Place de service à l'Etat-major......................... COTEAU.

Adjudant de Place de ronde de nuit.............................. SANSON.

Visite aux Casernes, Prisons, Hôpital, et distribution de fourrages.

Rive droite de la Seine : le Lieutenant-Adjudant de Place.............. SANSON.

Rive gauche : le Capitaine-Adjudant de Place....................... VIART.

ORDRE GÉNÉRAL.

Paris, le 6 Nivôse an 14.

A Monsieur le Général commandant la 1.re Division militaire.

Son Excellence Monsieur le Maréchal, Ministre de la guerre, m'a chargé, Monsieur le Général, par décision prise à Brunn le 7 frimaire dernier, de vous réitérer l'ordre précis de l'Empereur, de ne pas tirer le canon sans son ordre : c'est l'intention formelle de sa Majesté, que M. le Maréchal m'ordonne de vous manifester. Il a vu avec surprise que quelques Généraux commandant les Divisions territoriales, ainsi que des Commandans de places, se fussent permis d'ordonner des consommations de poudres en contravention à l'art. 35 du réglement du 1.er vendémiaire an 13, conformément à l'art. 36 du même réglement. Le prix de la poudre qui sera consommée sans autorisation, pour des salves, sera à la charge de ceux qui en auront donné l'ordre. Le Ministre vous invite à faire connaître ces dispositions aux Officiers sous vos ordres.

J'ai l'honneur de vous saluer.

Le Général de Division, Chef de la Division de l'Artillerie,

signé GASSENDI.

Pour copie conforme :

Le Général de Brigade commandant les Troupes de la Garnison de Paris,

CHARLOT.

Pour copie conforme:

L'Adjudant-commandant, Chef de l'État-major,

BORREL.

GOUVERNEMENT DE PARIS.
ÉTAT-MAJOR DE LA GARNISON.

ORDRE du 10 Nivôse an 14.

SERVICE DE L'ÉTAT-MAJOR DE LA GARNISON.

Du 10 Nivôse au 1.er Janvier.

Adjudant de Place de service à l'Etat-major......................... COTEAU.
Adjudant de Place de ronde de nuit.............................. SANSON.

Visite aux Casernes, Prisons, Hôpital, et distribution de fourrages.

Rive droite de la Seine : le Lieutenant-Adjudant de Place.............. SANSON.
Rive gauche : le Capitaine-Adjudant de Place...................... VIART.

Du 1.er au 2 Janvier.

Adjudant de Place de service à l'État-major......................... CORDIEZ.
Adjudant de Place de ronde de nuit.............................. VIART.

Visite aux Casernes, Prisons, Hôpital, et distribution de fourrages.

Rive droite de la Seine : le Capitaine-Adjudant de Place.............. VIART.
Rive gauche : le Capitaine-Adjudant de Place...................... COTEAU.

Rien de nouveau.

Le Général de Brigade commandant les Troupes de la Garnison de Paris,
CHARLOT.

Pour copie conforme :

L'Adjudant-commandant, Chef de l'État-major,
BORREL.